基礎から学べる！

世界標準のSCM教本

山本 圭一
Keiichi Yamamoto
ビジネスエンジニアリング
株式会社、CPIM、CPA

水谷 禎志
Tadashi Mizutani
APICSインストラクター
CPIM、CSCP、CLTD

行本 顕
Ken Yukimoto
APICSインストラクター
CPIM-F、CSCP-F、CLTD-F

JN104595

日刊工業新聞社

はじめに

　本書は、サプライチェーンマネジメント（以下SCM）の国際標準の基礎を体系的に学ぶための本です。国際標準のSCMの用語・知識体系を日本語で提供することで、日本企業への普及を促進し、ひいては日本企業のグローバル展開を通じた成長を支えることを目指すものです。

　SCMとは、サプライチェーン、すなわち原材料が製品に加工され、商品やサービスとしてユーザーに届く流れをより効果的に行うためのマネジメント手法です。この手法は、1950年代に基本的な考え方が提唱されて以来様々な研究やベストプラクティスによって練磨され、1990年代に現在の形になりました。そして、現在では世界中の企業で広く用いられています。

　日本では2000年代初めにこのSCMという言葉がよく聞かれました。しかし、当時はソフトウェア販売やコンサルティングサービスのマーケティングに使われていた面が強く、サプライチェーン全体ではなく、その構成要素である特定業務が注目されることが多かったのではないでしょうか。それから20年が経過した今、サプライチェーンはより複雑になり、不確実性も大きくなりました。「今さらSCM？」とお思いの方もいらっしゃるかもしれませんが、実は、今だからこそ、SCMを改めて学ぶ必要性が高まっているのです。まずは「世界から取り残された日本」からお話ししましょう。

世界から取り残された日本

　日本でSCMが流行った2000年代初めは、スマートフォンもクラウドも登場する前でした。その後の情報技術革新のスピードは速く、現在SCMにおいて情報技術革新の恩恵を受けていない企業は皆無であると言っても過言でないでしょう。情報技術革新と並行する形で、日本企業のグローバル展開もこの20年で進みました。あまり話題にあがりませんが、実はここに2つの問題が潜んでいます。それは基幹システムとSCMに関わるコミュニケーションです。順に説明しましょう。

　1つめは基幹システムの話です。SCMは基本的に情報システムで支えられています。そのシステム構築にパッケージシステムを活用する日本企業が増えているものの、日本企業では標準機能を活用するほかに自社固有要件をアドオン

1

したり、カスタマイズしたりすることが一般的です。この状況に対して「企業が抱えるレガシーシステムがブラックボックス化し、競争力を失い、成長の足枷になる」と警鐘を鳴らしたのが、いわゆる「2025年の崖」です[1]。

筆者らはSCMの国際標準を策定する非営利団体であるAPICS（エイピックス）／ASCMの活動を国内の実務家に紹介するセミナーで登壇した際に、その参加者から「日本本社から海外拠点に赴任して、海外拠点の基幹システムのほうが日本本社より進んでいることに驚いた。数年経って、海外拠点から日本本社に戻ったら、基幹システムが昔のままで驚いた。というより愕然とした。」という話を異口同音に聞きます。日本企業の多くは海外拠点にパッケージシステムをアドオンなし・カスタマイズなしで導入しています。今やERPもクラウドで使える時代になりました。その結果、海外拠点の基幹システムがクラウドベースの最新版である一方、日本本社の基幹システムは旧世代のままという状況になっているのです。

2つめはSCMに関するコミュニケーションの話です。日本企業の海外拠点では、日本本社の部長クラスが拠点長として派遣され、数年間滞在して日本本社に戻るというパターンが典型的です。しかし、前出の参加者の声の中には「日本の製造業はすごい」と期待していた現地の人が、日本本社から派遣されてきた拠点長の言動を見て、「重箱の隅をつつくようなことばかり一生懸命」「拠点を経営する目線で考えてほしい」と不満を抱いているという衝撃的な証言もあります。海外拠点との離齬のないコミュニケーションは、SCMにおいては重要ですので、これを欠く状況は問題といえます。

このことは、著者ら自身の体験を伴う実感でもあります。筆者の一人は2010年代初頭の米国駐在時に、現地企業のSCM実務が一種のデファクト標準化された知識体系を前提としていることに気づく機会を得ました。この知識体系は経営層から担当者レベルに至るまで「共通言語」として日常的に使われていたばかりでなく、企業をまたいだグローバルなコミュニケーションにおいても同様に用いられていたのです。その一方で当時、多くの日本企業ではこの「共通言語」の存在がほとんど知られておらず、グローバルなサプライチェーンにおける離齬のないコミュニケーションを妨げる一因となっていたのです。「英語で話せるだけでは駄目、中身が肝心」とは分野を問わずよく耳にする話ですが、まさにそのような視線が日本企業のサプライチェイナーである自分に注が

れていることに気付きヒヤリとしたというわけです。

それから10年が過ぎましたが、この間、世界のサプライチェーンにおいて日本企業はあまり元気がありません（第11章）。この状況の一端がコミュニケーションの齟齬に由来する可能性を考えた場合、日本におけるSCMの「共通言語」の普及は喫緊の課題といえます。世界のサプライチェーンに携わるには「英語を話せれば十分」ではありません。「SCMの共通言語」でコミュニケーションする必要があるのではないでしょうか。

世界標準のSCMの基本を日本語で学ぶ機会を

これまでに「SCM」と題された書籍は多数刊行されています。しかし、さきほどの「共通言語」のような業務プロセスの標準が意識されたものはみかけません。SCMは非常に範囲の広いテーマであり、よりよく理解するためには各論的・経験的な論点を学ぶだけでなく、これら全体を俯瞰的（ホリスティック：holistic）に整理する観点をあわせて学ぶことが重要です。そして、全体と構成要素相互の関係を知ること、すなわち「体系的に学ぶ」ことが強く求められる分野なのです。

現在のSCMの知識体系は、米国に本部を構えるAPICS／ASCMが策定したものが世界で最も多くの実務家の支持を得ており、事実上の標準となっています。そのため、世界に通用するSCMの知識体系を習得するためには、これを学ぶことが近道といえます。ところが、これまでAPICS／ASCMの知識体系を学ぶための教材は主に英語で提供されており、日本語を母国語とする学習者が手に取りやすいものではありませんでした。このことも今まで日本でSCMの世界標準があまり普及してこなかった一因といえます。

もっとも、近年この流れが変わりつつあります。かつては日本でAPICS／ASCMの知識体系を学ぶ人の大半は外資系グローバル企業に勤務している社会人でしたが、日系大手製造業を中心に、APICSが認知されるように変わり、今や学習者の中心は、日系企業に勤務する社会人にシフトしつつあります。そして、日系企業が世界標準のSCMに関心を寄せるにつれ、これを日本語で学習する手段をもとめる声が大きくなってきました。本書は、このような学習者の期待に応える本邦初の「日本語で書かれた世界標準のSCM教本」となることを目指し、出版するものです。

著者の紹介

　著者の三人は、全員がAPICSのインストラクター資格を持つ現役実務家です。また、ともに公益財団法人日本生産性本部が主催する『APICSディクショナリー（第16版）』の翻訳プロジェクトのメンバーでもあり、本書には著者らの世界標準のSCMについての知見とともに、ERPソフトウェアベンダー、コンサルティングファーム、メーカーという異なるフィールドに根差した実務の観点からの考察がふんだんに盛り込まれています。この点において本書は他のSCM関連書籍とは一線を画すものであると、著者らは確信しています。

山本　圭一（やまもと　けいいち：CPIM, CPA）は、本企画の発起人であり、ビジネスエンジニアリング株式会社において国産ERPパッケージソフトウエアmcframeの導入コンサルテーション業務の最前線に立つ現役の実務家です。また、公益財団法人日本生産性本部が主催するAPICS紹介セミナーの講師でもあり、ERPソフトウエアベンダーにおける実務で培われた観点からの考察を本書に加えています。

水谷　禎志（みずたに　ただし：CPIM, CSCP, CLTD）は、国内コンサルティング会社において、製造業・流通業企業のサプライチェーン改革を専門領域とする現役のコンサルタントです。また、日本におけるAPICSコミュニティ立ち上げおよびAPICS紹介セミナーを通じて世界標準のSCM普及活動に携わっています。これらを通じた知見と多様な業種でのサプライチェーン改革コンサルティング経験に基づく考察を本書に加えています。

行本　顕（ゆきもと　けん：CPIM-F, CSCP-F, CLTD-F）は、国内大手消費財メーカーでの財務・法務・海外事業・生産統括・経営企画部門の経験を有する現役の実務家です。APICSの上位資格であるCPIM-F・CSCP-F・CLTD-Fを日本地区で唯一保有しており、APICS認定インストラクターとしても公益財団法人日本生産性本部および公益社団法人日本ロジスティクスシステム協会他にて、本書の中心的なテーマであるMP&Cを主軸とした実務家向けSCM教育プログラムを担当しています。日・米におけるSCM実務経験と世界標準のSCMを推進する活動を通じて培われた観点からの考察を本書に加えています。

本書を読んでいただきたい方

　以上に述べたとおり本書は、主に日本語でSCMを体系的に学びたいと考えている以下のような方に読んでいただきたいと思っています。

(1) SCMの基礎知識を得たいと考える実務家・新社会人・学生
(2) 今までの業務経験を通じて得たSCMに関する知識を、標準的なフレームワークに基づいて棚卸し、応用可能な知識を補強したいと考える実務経験者
(3) 自社の海外拠点、海外サプライヤー、海外販売代理店との間で、齟齬のない意思疎通を図るための共通言語を、日本語で学びたいと考えるサプライチェーン関連業務従事者
(4) 試験が英語で行われるAPICSの資格を取得するために、何を学ぶ必要があるのかの概要を日本語で知りたい人

推薦の言葉

　本書は、SCMの世界の共通言語ともいうべきAPICSの知識体系に準拠して書かれた本邦初の書籍です。私もよく存じ上げている著者の3人は日本にわずか7人しかいないAPICS認定インストラクターであります。本書の著者の方々がERPパッケージベンダー、コンサルタント、メーカーという異なるバックグラウンドの実務経験者であることも大きな魅力でしょう。本書は、彼らの実務経験や知識が反映され、図解も多いことから、SCM分野の初学者にとってはその知見に触れる貴重な機会であり、かつ経験を積まれた実務家にとっても貴重な機会を提供することができると考えております。

　私は1998年に『サプライチェーン理論と戦略』（ダイヤモンドハーバードビジネス編集部編、ダイヤモンド社）、1999年に『サプライチェーン経営入門』（日本経済新聞出版）を著し、2001年には経営情報学会のビジネスモデル特集号で「招待論文 サプライチェーン・マネジメントに関するビジネスモデル：分析と設計理論の考察」という寄稿も行いました。さらに、約10年前に東京工業大学の社会人向けMOT、CUMOTで始まり、現在は日本ロジスティクスシステム協会に受け継がれた「ストラテジックSCMコース」では、年に2回講師を務めてきました。このほか、SCMについては、ビジネススクールや社会人向けの講演も多数行ってきました。また、何より90年代の末から、NRIの事業として海外でERPのクラウドサービスを新規に立ち上げるという貴重な機会を得て、NRIの仲間とともに、多数の日本企業の百数十拠点に及ぶ海外事業展開に取り組んできました。

　私が、外部向けの講演の中で常に訴え続けてきたことの1つに、本書が取り扱う「SCMに関わる国際標準のAPICS言語体系、知識体系の存在」があります。日本ではあまり語られないのですが、多数あるERPやSCMのソリューションにおける業務の知識体系は共通で、このAPICS標準が活用されています。日本企業でのERP活用が実質的には経理業務に留まることが多いのはよく知られていますが、その理由の1つは、APICSがそもそも知られておらず、学習機会も乏しく、知識体系が日本では定着していないことではないかと考えています。

この二十数年間で日本企業がERPやSCMへ行った投資額は巨額ですが、日本で活用しているERPをそのまま海外拠点で、経理業務だけでなく、調達、生産、配送、原価管理、財務管理などの企業の基幹業務で活用できたとしたら、日本企業の生産性向上への効果は極めて大きかったのではないでしょうか。

　SCMは、複数の企業や、企業組織内のいわゆる機能組織が相互に緊密に連携しながら、国や地域や、もちろん部門、企業の境界を越えて商品を円滑にエンドユーザーに届けるための、いわば新しい産業機構（業務体系とメカニズム）を形成するための業務、オペレーションズマネジメント（OM）の設計・運用についての知識体系です。

　もっともSCMは、単に物流や工場管理業務だけを取り扱っているわけではなく、戦略、戦術、実行を一貫した適応制御機構として、つまりSBU・事業部門の運営を円滑に行うための階層型意思決定システムについて、世界で、今、実践され、発展してきている標準的な知識と言語体系と考えていただければ、俯瞰的に理解しやすいと思います。

　たとえば、S&OPというSBUの経営会議の新しい業務モデルはこの十数年でかなり定着してきたといえるでしょう。S&OPは、いわゆる規律とコントロールのための「単年度の予算統制型会議」から「毎月のローリング型で中期スパンの計画を見直す機能組織横断での戦略実行会議」へ転換させるというダイナミックケイパビリティを実現する経営会議のモデルです。

　最近では、不確実性が高まる国際情勢の中、参加する企業の経営層から現場までが、互いに齟齬のない意思疎通を機敏に行うことが望まれます。グローバル化が進む中、SCMにおいても国際標準の言語体系を活用してダイナミックケイパビリティを獲得し、いつでもスケールアウトでき、いつでもピボットできる競争力を増している海外企業と、国際標準よりも自社特有の言語体系、自部門特有の知識体系を世界に定着させようとして体力を消耗してしまい、「もはや、人材がいない」という理由で、構造的閉塞に陥りがちな日本企業とでは、長期的にみると大きく差が開いてしまう危険性も高いと思います。

　いわゆる「ダイナミックケイパビリティ」を獲得するためには、海外で既にサティフィケーション（認証）を保有するメンバーが十数万人に及び、新興国においても学習している人材の規模も格段に多いAPICSの国際標準の知識体系や言語体系を活用することは、極めて有効な手段の1つでしょう。海外企業

では、APICSの知識体系を活用しつつ、この上に自社や自事業部門特有の業務や知識体系を追加する方法で、グローバルオペレーションの業務モデルを確立し、定着させる負荷を下げ、スケールアウトとピボットというダイナミックケイパビリティを獲得できている企業が多いようです。

　SCMは複雑でテーマが極めて広い分野なのですが、その基礎を一貫した考え方で学べる本書は貴重と思います。これまで日本では、国際的には常識となっているSCMを俯瞰するための標準言語体系を書籍で学ぼうとしても、一見、関連書籍が膨大でどの書籍を選択すればよいか悩ましいという問題もありました。また、物流業務や生産管理、スケジューリング、S&OPなど、特定の分野に特化した書籍が多く、SCM全体を俯瞰して解説した本は必ずしも多くないと思います。ようやく複数の分野のSCM書籍を集めても、今度は書籍間で用語や概念が統一されておらず、つなぎ合わせて読むことが困難な問題がありました。本書1冊を学習することでSCMを俯瞰することができ、これらの問題を解決することができるでしょう。

　本書は、グローバル競争に臨むには国際標準の言語体系、知識体系を理解し、共通言語でコミュニケーションすることがいかに効果的かを教えてくれます。当方の経験では、通訳で解決できる英語の問題ではなく、逆にAPICSの用語（テクニカルターム）を知っていれば格段にコミュニケーションが円滑になります。実は、KANBAN、JIT、ANDON、5Sなどの数百に及ぶ日本の現場で活用されている言語も既に収録されています。

　日本企業でSCMに関わる少しでも多くの方が、本書を手に取りこの事実を理解し、ひいては日本企業のグローバル展開を通じた成長に寄与するために、本書が必携のバイブルとなることを期待しています。

藤野　直明

株式会社　野村総合研究所　主席研究員
公益社団法人　日本経営工学会　副会長
早稲田大学大学院　情報生産システム（IPS）研究科　客員教授
社団法人　日本オペレーションズ・リサーチ学会　フェロー
JOMSA（日本オペレーションズマネジメント&ストラテジー学会）理事
2020年代の総合物流施策大綱に関する検討会　構成員

基礎から学べる！世界標準のSCM教本

第1章　サプライチェーンマネジメントとMP&C

第2章　戦略：ストラテジックプランニング

第3章　計画：デマンドマネジメント（需要計画）

第4章　計画：サプライプランニング

第5章　SCMの観点から見た在庫

第6章　実行と管理：仕入

第7章　実行と管理：製造活動と品質

第8章　実行と管理：販売

第9章　ロジスティクス

第10章　SCMの観点から見た原価

第11章　世界標準のSCMを学ぶことの重要性

column ▶

第 1 章

サプライチェーンマネジメントとMP&C

この章を読み終えると、以下の内容を理解することができます。

- サプライチェーンとは何か
- サプライチェーンマネジメントとは何か
- 製造オペレーションの計画・管理の仕組みMP&C

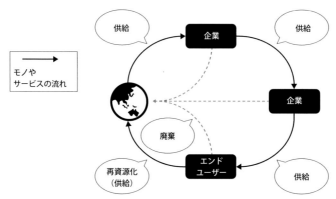

図1.1 「サプライチェーン」の世界観（SCE：Supply Chain Ecosystem）

サプライチェーンは地球規模の活動を想定した概念である

　「サプライチェーン」とは、様々な企業や人々の活動が相互に関連することによって、モノ（製品）やサービスがエンドユーザーに供給される仕組み（エコシステム）を指す概念です[1]。

　私たちは日常生活の中で様々な商品を購入して利用しています。つまり商品を購入したお店からモノやサービスの「供給（supply）」を受けているということができます。また、このお店も同様に卸売業者やメーカーから商品の供給を受けています。さらにその商品のメーカーは別のメーカーから原材料の供給を受けているかもしれません。つまり「サプライチェーン」という用語は、このような個々の企業や人々の供給活動がエンドユーザーに向かって連鎖した状態を表しているといえます。なお、「サプライチェーン」を通じて供給される製品やサービスを「上流」に向かってたどると地球資源に由来すること、他方で「下流」に向かってたどると利用・廃棄・再資源化される過程で地球環境に影響を与えることから、サプライチェーンは地球規模（グローバル）の活動を想定した概念であるといえます（**図1.1**）。

16

現代のサプライチェーンは情報の断絶が起きやすい

　初期の自動車産業においては、完成品である自動車を製造するメーカーが自社で所有する鉱山から鉄鉱石を採掘して精錬し、これを原材料として作った部品を用いて完成車を生産していました。さらに完成車の流通網も自社で構築することでエンドツーエンドのサプライチェーンを自前で整備していました[2]。

　このようなサプライチェーンは「垂直統合型」のサプライチェーンと呼ばれます（図1.2）。垂直統合型のサプライチェーンは、すべての活動を企業内の活動として行うことからこれらについての高い可視性と柔軟性を得られるという特徴があります。その一方でサプライチェーンを構成する各活動に必要な投資を自前で行う必要があることから、サプライチェーンを維持するためのコストが高価になるという特徴をあわせもちます。

　これに対して、現在多く見られるサプライチェーンでは原材料の採掘や部品の製造、完成品の製造、完成品の販売といったサプライチェーンを構成する個々の活動を複数の企業が行います（図1.3）。そして、これらの企業は主に売買取引を通じてこれらの活動のアウトプットを供給しています。このようなサプライチェーンは、個々の活動が専業化することにより規模の経済性が生じやすくなる一方で、これらの企業間で情報の非対称性が生じやすくなるという特徴をあわせもちます[3]。

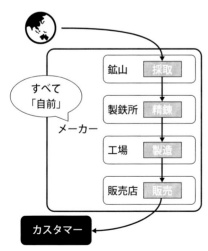

図1.2　垂直統合型のサプライ
　　　　チェーン

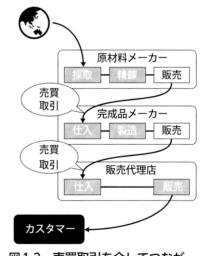

図1.3　売買取引を介してつなが
　　　　るサプライチェーン

17

サプライチェーンを構成する「仕入」「生産」「販売」

　サプライチェーンは、様々な企業や人々が「供給活動」を通じて連鎖している点に特徴があることについて前項で触れました。このことは、これらの企業や人々がいずれも上流に位置する企業や人々（サプライヤー）からモノやサービスの供給を受け、下流に位置する企業や人々（カスタマー）に供給する役割を担っていることを意味します。ビジネスの場において前者は「仕入」、後者は「販売」と呼ばれる活動と概ね同義と捉えて差し支えありません。

　実際のサプライチェーンを構成する企業や人々の活動には、これら「仕入」「販売」の他に「生産」が含まれます[(4)]。「生産」は、サプライチェーンを構成する企業や人々が上流のサプライヤーから供給を受けたモノやサービスを用いて新たなモノやサービスを生み出す活動であり、この役割を担う企業や人々は特に製造業（メーカー）と呼ばれます。後続の各章では、特に製造業に注目する形でサプライチェーンにおける「仕入」「生産」「販売」を通じた供給活動を掘り下げて整理・解説していきます（図1.4）。

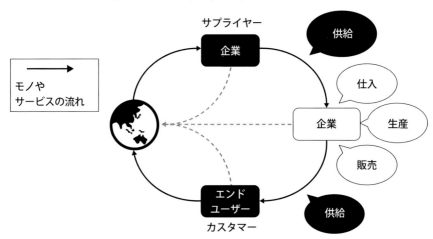

図1.4　サプライチェーンを構成する活動群

サプライチェーンと情報の流れ、お金の流れ

　サプライチェーンを構成する個々の企業の活動である「仕入」「生産」「販売」は、モノやサービスの流れを意識した整理といえます。これらの活動では、自社の上流に位置する仕入先、および自社の下流に位置する得意先との間で取引（契約）が生じます。たとえば、メーカーは仕入先との間で原材料などの「購入契約」に基づいて取引を行う一方、得意先との間では「販売契約」に基づいて取引を行います。これらの契約はいずれも両者の合意が前提となりますので、齟齬のない認識を得るための情報の授受が行われることになります。

　また、仕入や販売はいずれもモノやサービスの提供に対して金銭対価の授受を伴います。すなわち、これらの契約はいずれも売買契約を基本とした双務契約であるということができます。つまり、サプライチェーンを構成する「仕入」「生産」「販売」といった活動は、モノやサービスの流れであるとともに、情報や金銭の流れを伴ってなされる意思決定の連鎖でもあるといえます（図1.5）。このように、**世界標準のSCMにおいて「サプライチェーン」は、様々な企業や人々の供給活動の連鎖であるとともに意思決定の連鎖として認識されているのです。**

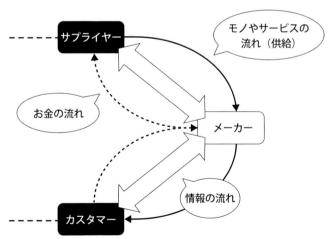

図1.5　サプライチェーンを流れるモノやサービス・情報・お金

1-3 サプライチェーンとは
さまざまな供給体制

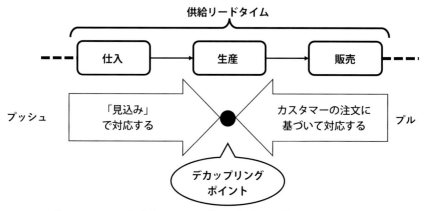

図1.6 「リードタイム」「プッシュ・プル」「デカップリングポイント」の関係

サプライチェーンにおける時間の概念

　サプライチェーンをより深く理解する上で重要な概念の一つに「リードタイム」があります。「リードタイム」とは、ある活動を完了するために必要となる時間的な範囲を指す用語であり、特にサプライチェーンの文脈においては、その構成要素である「仕入」「生産」「販売」といった活動に着手してから目的を遂げるまでに要する期間を指す概念として用いられます。また、サプライチェーンを構成する企業や人々が、需要情報を起点としてこれらの「仕入」「生産」「販売」といった一連の供給活動を実行して、商品をカスタマーに供給するまでの期間は「供給リードタイム」と呼ばれます（**図1.6**）。

供給活動はどのような情報に基づいて行われるのか

　もっとも、供給リードタイム（仕入・生産・販売の各リードタイムの合計）は長期に及ぶことが多く、カスタマーの要望する納期との乖離が見られることは珍しくありません。そのため、サプライチェーンにおいて供給活動を行う企業や人々は、カスタマーから受け取る需要情報に加えて、予測による需要情報

に基づいて行動することになります。自ら予測した需要情報に基づいて着手・実行される供給活動は「プッシュ」、カスタマーから提供された需要情報に基づいて着手・実行される供給活動は「プル」と呼ばれ、供給リードタイムにおける両者の境界は「デカップリングポイント（Customer Order Decoupling Point）」と呼ばれます[5]。

供給体制の例

日頃我々が目にする商品は、多様な供給体制を経て提供されています。これらを「プッシュ」「プル」の観点から整理した場合、商品の特徴によってデカップリングポイントの置かれている場所が異なることがわかります（**図1.7**）。

日用品：歯ブラシや文房具のようにユーザーが直接店頭で選んで購入することの多い日用品については、供給リードタイムに対して顧客の要望する納期は相対的に短くなります。そのため、日用品の供給活動においてはプッシュを中心とした体制が採られやすい特徴を持っています。

セミオーダーのパーソナルコンピュータ：メモリーのサイズやCPUのグレードなど、ユーザーが用途に合わせて機能を指定することが前提となっている商品については、プッシュとプルが混在した体制が採られやすい特徴を持っています。

工作機械などは、さらにプルの割合の多い、受注生産を中心とした供給体制が採られやすい特徴を持っています。

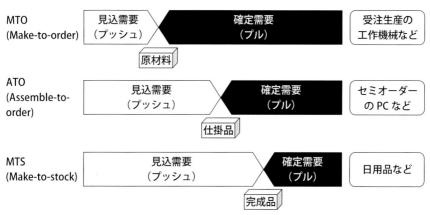

図1.7　製品の特徴と「プッシュ」「プル」の関係

1-4 サプライチェーンとは サプライチェーンの構造に由来する問題

サプライチェーンと情報の非対称性

　サプライチェーンは、様々な企業や人々の活動が相互に関連することによって「全体として」供給活動を行う仕組みである一方、これを構成する個々の企業や人々は本来「各々の」利益を求めて活動する側面を残している点に特徴があります。そのため、サプライチェーンを構成する企業や人々の間で情報が完全に共有されることは極めてまれであり、特に上流のサプライヤーについて「どれくらい供給してもらえるのか」といった情報や、下流のカスタマーについて「どれくらいの需要があるのか」といった情報は、適切なタイミングでは共有されにくい側面があります（**図1.8**）。

　この「情報の非対称性」はサプライチェーンに様々な影響を及ぼします。典型的な問題的状況の一つに「ブルウィップ効果」と呼ばれる現象があります。これは、企業が材料などの仕入を行う際に自社のカスタマーからの需要情報のみに基づいて判断する行動が上流に向かって連鎖する過程で、本来の需要情報が増幅される現象です（**図1.9**）。

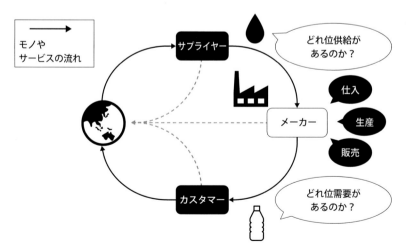

図1.8　サプライチェーンに内在する情報の非対称性

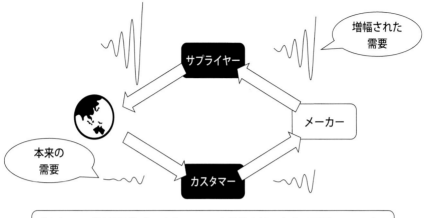

増幅された需要

サプライヤー

メーカー

本来の需要

カスタマー

ブルウィップ効果はサプライチェーンの収益性を低下させる原因の一つである

図1.9　需要情報を増幅させる「ブルウィップ効果」

ブルウィップ効果（フォレスター効果）

　ブルウィップ効果の概念は、ジェイ・フォレスター[6]によって提唱されたのちハウ・リーらの研究[7]により広く知られるようになりました。その研究を通じて、サプライチェーンにおける上流の需要変動が下流の需要変動よりも大きい場合にこの現象が起こりやすいことが知られています（**図1.9**）。たとえば、工場が製品を作る際の最小単位（バッチサイズ）が需要の規模よりも大きい場合などがこれにあたります。また、企業が需要予測を起案するための情報を直接接点を持つ顧客からの需要情報のみに依存しているほど（エンドユーザーの需要情報を知り得ない状況であるほど）ブルウィップ効果が生じやすいことも知られています。

　また、ブルウィップ効果に起因する典型的な問題状況の一つとして「ファントムオーダー」と呼ばれる実需を伴わない購買行動が挙げられます。この状況は、突発的な需要の増加（サージ）などによる欠品の情報がサプライチェーンの上流に向かって伝播する過程で陳腐化することによって生じるもので、実際に商品が供給されるタイミングでは増加していたはずの需要が消滅していることから「ファントム（幽霊）」と呼ばれます。日本では1970年代のオイルショック時のトイレットペーパー需要や、2020年のパンデミック下における不織布マスク需要などがこれに該当すると考えられています[8]。

サプライチェーンマネジメント（SCM）とは

SCMとは

SCMの定義

　前節（1-1）で、「サプライチェーンとは、様々な企業や人々の活動が相互に関連することによってモノ（製品）やサービスがエンドユーザーに供給される仕組みを指す概念」であると述べました。原材料サプライヤーから最終消費者に至る「サプライチェーン」上の業務全体を「マネジメント」することを指すので、サプライチェーンマネジメント（SCM）と呼びます。

SCMの業務と対象期間

　SCMの業務には、サプライチェーン活動の設計（Design）、計画（Plan）、実行（Do）、監視（Check）、制御（Action）という5種類があります（**図1.10**）。

　ある意思決定の影響が及ぶ期間で分けると、「設計」は長期、「計画」は中期と短期、「実行」「監視」「制御」は短期に分類されます（**表1.1**）。

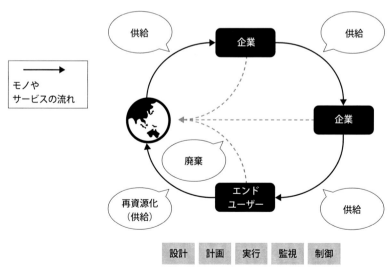

図1.10　サプライチェーンをマネジメントする5つの業務

読者の多くはおそらくPDCAをご存じと思います。前出のサプライチェーン活動の5つの業務で最初に出てくる「設計（Design）」とは何でしょうか。それは、需要計画や生産計画など計画を立てる上での前提となるものです。

計画を立てる上での前提とは何でしょうか。製造業のSCMを取り上げてみます。製品を製造するには原材料を調達し、工場で手順に沿って加工・組み立てを行います。それには資源が必要です。資源には工場、製造設備、工場で働く従業員のほか、製造ノウハウも含まれます。これらの資源を調達するには、自ら投資するほかに、サプライヤーと長期的な関係を築く必要があります。「注文したら1週間後に届く」といった類ではなく、事前に相当量の調査を行った上で、投資の意思決定を下すことが多く含まれます。さらに、一旦、投資をした後は、それを使い続ける必要に迫られます。つまり、製品の供給を行うために必要となる資源をどこにどれだけ持つかに関する意思決定が、設計です。

「計画」「実行」「監視」「制御」は、サプライチェーン上で発生する調達・生産・販売活動でそれぞれ行われます。生産を例にとって説明しましょう。需要計画をインプットとして生産の「計画」が立てられます。その「計画」はあらかじめ定められた時刻に「実行」され、半製品や製品が製造されます。ただし、何らかの理由で、事前に計画した通りに生産が実行されないことがあります。そこで、生産が「実行」されている状況、すなわち、計画と実績のギャップが「監視」されます。そして、必要に応じて、ギャップを縮小する方向で適切な是正措置が取られます（これを「制御」と呼びます）。

表1.1　SCMの5つの業務の分類

区分	特　徴	業　務		
長期	数か年におよぶ。繰り返しは基本的にない。	設計		
中期	数週〜数か月におよぶ。繰り返し行うことがある。	計画		
短期	1〜数日におよぶ。繰り返し行うことがある。		実行　監視　制御	

SCMは何のために行うのか？

　企業のサプライチェーン改革プロジェクトで「コスト削減」「在庫削減」「リードタイム短縮」「納期遵守率向上」といった目標が設定されることがあります。これら目標はサプライチェーンのパフォーマンスの良し悪しを測る指標です。ではSCMは何のために行うのでしょうか。

　最も普遍的と考えられるSCMの狙いは、製造設備などの固定資産および在庫などの流動資産に資金を投じ、調達・生産・販売活動を通じてできるだけ多くの利益を生み出すことにより、その事業の価値を高めることです。手短に言うと「投資し、効率よく儲ける」ことです。利益を生み出すには、当然ながら顧客が望むサービスレベルで商品を届けることが必要ですし、その際にできるだけ無駄が発生しないように原材料・部品を調達し、製品を生産することが求められます。

　「投資し、効率よく儲ける」ことを測る指標のひとつで、近年注目を集めているのがROIC（Return on Invested Capital；投下資本収益率）です[9]。アール・オー・アイ・シー、あるいはロイックと発音されます。これは事業のために投じられた資本（株式、社債、借入金）を元に、どれほどの税引き後営業利益を生み出したかの比率を測定する指標です（**図1.11**）。ソニー、オムロン、味の素など日本の大手グローバル製造業で採用されています。本書では事業経営者視点の指標であるROICを重要視しています。

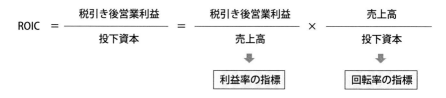

$$\text{ROIC} = \frac{\text{税引き後営業利益}}{\text{投下資本}} = \frac{\text{税引き後営業利益}}{\text{売上高}} \times \frac{\text{売上高}}{\text{投下資本}}$$

利益率の指標　　　　回転率の指標

図1.11　ROIC

ROICと ROAとROEの比較

　ROICは、特定の事業を対象として、税引き後営業利益を投下資本で割って算出されます。分子の税引き後営業利益には当期の特別損益が含まれないため、特定の事業に着目した収益性を把握できます。分母の投下資本は、特定の事業に投下された資本（株式、社債、借入金）を意味し、特定の事業に使われている運転資本と固定資産の和に相当します。ROICは事業経営者向けの指標です。ROICに似た指標として投資家視点の指標であるROA、株主向けの指標ROEがあります（**表1.2**）。

　ROAとはReturn on Assetの略で、日本語では総資産利益率と呼びます。分子の当期純利益には当期に発生した特別損益が含まれます。また、複数の事業を持つ企業では収益性が事業によって異なりますが、ROAでは事業別の収益性の差がわかりません。そういう意味で、ROAは経営者向けの指標ではなく、投資家向けの指標といえます。

　ROEとはReturn on Equityの略で、日本語では株主資本利益率と呼びます。分子の当期純利益はROAと同じですが、分母は株主資本です。「借入金を調達し、自己株式を購入する」といった事業活動と関係のないことでROEは改善します。そのため、ROEは株主を意識した指標といえます。

表1.2　ROICとROAとROE

	ROIC	ROA	ROE
対　　　象	特定の事業	全事業	全事業
分　　　子	税引き後営業利益	当期純利益	当期純利益
分　　　母	投下資本	総資産 （純資産＋有利子負担＋その他すべての負担）	株主資本
誰向けの指標か？	経営者	投資家	株主

1-7 サプライチェーンマネジメント（SCM）とは
SCM での意思決定

製造オペレーションにおける意思決定

　サプライチェーンは複数の企業および同一企業内の複数部署の活動で構成されており、それぞれが様々な意思決定を行っています。製造業（メーカー）であれば、原材料・部品を調達し、組立加工を経て製品を作り、それを販売します。企業では多くの事業経営上の意思決定が行われています。そこでサプライチェーンでの意思決定を、製造オペレーションに着目して深堀してみましょう。

　メーカーは、製造オペレーションに関してあわせて主に7つの意思決定を行います（**図1.12**）[10]。

　メーカーが意思決定を行う局面は様々です（2-4「ストラテジックプランニング」を参照）。新たに会社を立ち上げる場合、新たな製品群を作り出す場合、既存の製品群の中で新製品を開発する場合で、意思決定の順序・重要度が異なります。近年では、競争が激しい市場に投入する新製品を開発する場合、需要予測と原価企画が起点となることが多いと思われます。

意思決定	関連する業務
どのような仕様の製品を作るか	製品設計
製品をいくらで作るか	原価・原価企画
製品をどれくらいの量を売るか	需要予測
製品をどういった手順で作るか	工程設計
製品をどの工場・どの製造設備で作るか	工場別生産配分
製品をいつ何個作るか	基準生産計画
原材料・部品などは何をどれくらいの量を調達するか	調達計画

図1.12　製造オペレーションの7つの意思決定と関連する業務

SCMを意思決定システムとしてとらえる

　本書を手に取った読者の中には「別に、意思決定を学びたいわけではない」とお考えの方がいらっしゃると思います。実は、著者が最も強調したいのが「SCMは意思決定システム」であるということなのです。

　1967年に『オペレーションズ・マネジメント入門』という本が刊行されました。執筆したのはロチェスター工科大学のハワード・L・テイムズ教授です。目次は以下のとおりで、オペレーションズ・マネジメントが意思決定システムであることが一目でわかります。

1. オペレーション機能
2. マネジメント理論
3. 決定理論
4. システム理論
5. オペレーションズ・マネジメントのための決定システム

　同書の日本語訳が1970年に刊行されました。監訳を務めた故・松田武彦氏が監訳者序文で興味深いことを述べています。「意思決定システムというとらえ方であらゆるオペレーションを考察していくことによって、従来ともすれば別々の分野として扱われがちだったオペレーションズ・リサーチ、インダストリアル・エンジニアリング、会計学、経営学等の主要な問題が、具体的な経営システムの全体的活動としてひとつのまとまった視野に統一されてくる」[11]。

　SCMは多様なオペレーションで構成されるため「わかりにくい」と思われがちです。本書では松田氏があらゆるオペレーションを意思決定システムととらえたのと同様に、「SCMは多種の意思決定システムで成り立っている」ととらえることで、「SCMのわかりにくさ」が和らぐと考えられます。

　「オペレーション・マネジャーはどんな意思決定を行うべきか」「その意思決定が適切に行われるために、業務プロセスはどうあるべきか、支援する情報システムはどうあるべきか、また、組織をどう設計するべきか」「意思決定を担うオペレーション・マネジャーをどう評価するべきか」など、読者が抱えている疑問に対し、本書を通じてヒントを届けることができればと思っています。

サプライチェーンマネジメント（SCM）とは
製造オペレーションにおける意思決定の特徴

階層型意思決定が必要な「製造」

　前述の7つの意思決定事項には相互関係があります。相互関係とは、たとえば「Aが必ずBより先に決まる。ただし、Bの状況を考慮する必要がある。」といったことです。この場合、単独に決めることができず、関係する事項を考慮して決める必要があります。2つ以上の意思決定事項を同時に決められない場合は、意思決定を階層型にし、逐次決めていくことが必要です。たとえば、新製品開発では需要予測の後、原価企画を行い、目標原価を定めます。目標原価に近づくよう試作品製造が繰り返される中で、原材料や製造方法が見直されます。

　また、意思決定の影響が及ぶ期間は、何を決めるかによって異なります。たとえば、製造設備投資が決定された場合、その後数か年は見直されることはありません。一方、継続生産品を作るための部品調達量は、一度決定されてもその数日から数週間後には同じ部品の調達量が決定されます。意思決定の影響が長期に及ぶ事項を先に決め、それを前提として意思決定の影響が及ぶのが短期に留まる事項を決めるのが一般的です。

　一般的な製造オペレーションを例に挙げると、**図1.13**に示すように製品群、製品、部品の順に計画が決まります。「製品群は計画対象期間12か月で計画バケットは月単位、製品は期間3か月で週単位、部品は期間3か月で週単位」

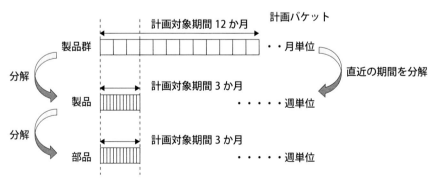

図1.13　階層型意思決定のイメージ図

というように、計画が逐次作られます。上位計画を前提として下位計画を詳細に立てます。

フィードバックに基づく計画更新が必要な「製造」

実際には、事前に立てた計画が予定通りに進まないことがしばしば起きます。このような不確実性に対処するために、よく使われるのが「フィードバック」という考え方です[12]。

フィードバックとは「アウトプットがどういう状態になっているかを把握し、あらかじめ定めた基準を満たすようにインプットの投入を増減する方法」です（**図1.14**）。たとえば暖房装置の出力を調整し室温を一定範囲に保つサーモスタットや、暗くなったら点灯し明るくなったら消灯する街灯のような仕組みです。

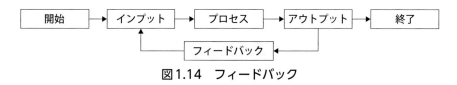

図1.14　フィードバック

リードタイムを常に伴う製造オペレーションに不確実性はつきものです。たとえば、製造設備の不具合によって生産能力が低下し、予定していた数量を生産できなかったり、サプライヤーからの納入遅延により予定していたスケジュールで生産できなかったりします。

フィードバックでは、計画した通りに作業が進んでいるか否かを適切な時間間隔で把握し、計画と実績との乖離があらかじめ定めた閾値を上回った場合に、計画を更新します。進捗が計画を下回る場合に対策が打たれることが一般的です。製造オペレーションのフィードバックの結果、単位時間あたり生産能力は不変のまま稼働時間を長くしたり、単位時間あたり生産能力を増やしたりすることで、遅れを取り戻します。

フィードバックの間隔は、意思決定が影響を及ぼす期間に応じて、適切に選択される必要があります。フィードバックの間隔が短すぎると余計な調整が発生します。他方、フィードバックの間隔が長すぎると、計画を達成できる見込みが低くなることにつながります。

1-9 MP&C の概略

　一般的な製造業は、複数の製造群を揃え、多数の製品を製造し、そのために多種の部品を調達します。このことを「製品群」「製品」「部品」という3つの模式図で示したのが図1.15です。

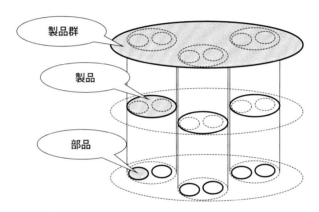

図1.15　製品群・製品・部品で構成される3階層の模式図

　製品群、製品、部品の3階層を意識し、製造オペレーションにおける階層型意思決定とフィードバック機構を備えた仕組みが、図1.16に示すManufacturing Planning and Control（MP&C）です。今後の技術革新によって、SCMを支援する新しいソフトウェアが登場したとしても、MP&Cは理解しておかなければならない重要な概念であると考えています。

　MP&C全体俯瞰図は、メーカーを想定しています。しかし、その観点は製造業以外の物流業やサービス業にも通じるものです。

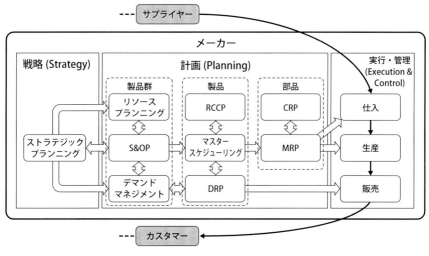

図1.16　MP&Cの全体俯瞰図

　図1.16に示したMP&C全体俯瞰図には、大別して3つの活動が含まれます。図1.17の左から戦略を立案する活動、計画を立案する活動、これらの実行とその管理に関する活動です。これら3つの活動群の関係は階層的なものである点に特徴があります。つまり、まず「戦略」が定まり、次に「計画」が決まり、最後に「実行・管理」で仕入・生産・販売という活動が実行されます。逆にみると、現場で日々実行されている活動の前提には「計画」が存在し、さらにその「計画」の前提には「戦略」が存在するということです。

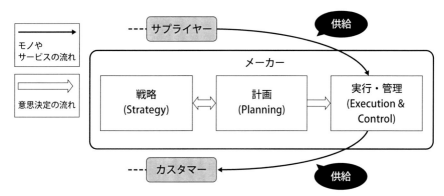

図1.17　MP&Cの全体俯瞰図（概略図）

製造オペレーションの計画・管理の仕組み MP&C
MP&C の構成要素

　本節ではMP＆Cの構成要素を説明するとともに、構成要素が本書のどの章で解説しているか示します（**図1.18**）。本書の見取り図と呼べるものです。

　MP&C全体俯瞰図（図1.16）では製造業、すなわちメーカーを想定していると述べました。サプライチェーンはメーカーだけでなくそのサプライヤー、そのカスタマーで構成されます。サプライヤー、メーカー、カスタマーを含めた範囲を取り扱っているのが本章（第1章）と最後の第11章です。中身にあたる第2章から第10章では、MP&Cの構成要素を1つずつ説明します。

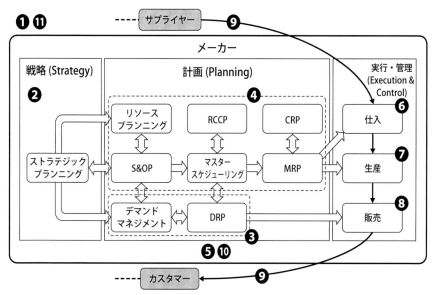

図1.18　MP&Cの構成要素と本書記載箇所の対応関係

（黒丸の中に書かれている番号は、記載されている章番号を表す）

戦略

　最初に来るのが最も左にある戦略です。製造業での戦略とは、端的に言えば「どんな製品をどんな顧客にどうやって提供し、最終的にどう儲けるか？」です。これは第2章「ストラテジックプランニング」で取り上げています。

計画

　戦略の次に来るのが計画です。「どう儲けるか？」が一段階具体化されます。この計画は、水平方向と上下方向の2つの軸があるととらえてください。

　水平方向には、点線の囲いの中に箱が3つ並んでいます。左から製品群、製品、部品を表しています。前述のとおりこれら3つには階層的関係があります。まず製品群レベルの計画が決まり、次に製品レベルの計画が決まり、最後に部品レベルの計画が決まります。

　上下方向には、計画は3段に分かれています。まず、下段は需要を示しています。製品群と製品について考えます。部品の需要については、製品の従属需要ととらえるため、ここでは考えません。中段がその需要に基づいて何をどれだけ作るかを示しています（優先順位計画と呼びます）。上段は、製品群・製品・部品を作るためにどれだけの生産能力が必要かを示しています（能力計画と呼びます）。優先順位計画は、製品群・製品・部品の3階層で能力計画からフィードバックを受けて決定されます。需要を第3章「デマンドマネジメント」で、供給を第4章「サプライプランニング」で、在庫プランニングを第5章「SCMの観点から見た在庫」で取り上げています。

実行・管理

　計画の次に来るのが実行・管理です。実行・管理は、サプライヤーからの「仕入」、自社での「生産」、顧客への「販売」の3つに分かれています。仕入は第6章「仕入」で、生産は第7章「製造活動と品質」、販売は第8章「販売」で取り上げています。なお、仕入・生産・販売はいずれも在庫コントロールが関係します。在庫コントロールは第5章の中で在庫プランニングとあわせて取り上げています。サプライヤーからの「仕入」と顧客への「販売」についてはロジスティクスが関係します。第9章で「ロジスティクス」で取り上げています。

　仕入、生産、販売、ロジスティクスといった諸活動の実行により発生する原価は、第10章「SCMの観点から見た原価」で取り上げています。

1-11 製造オペレーションの計画・管理の仕組み MP&C
今後の SCM で考慮が求められる外部環境

SCMの意思決定は、内部だけでなく外部環境も考慮する必要があります。外部環境とは、すなわち自社ではコントロールできない要素です。外部環境をとらえる際にはPESTLEと呼ばれるフレームワークがよく使われます。PESTLEとはPolitical（政治的）、Economic（経済的）、Social（社会的）、Technological（技術的）、Legal（法的）、Environmental（環境的）の頭文字をとったものです。少し例を見てみましょう。

Political（政治的）

英国では、2016年6月に欧州連合（EU）離脱の是非を問う国民投票が行われました[13]。開票の結果、離脱支持が52%を占め、英国の欧州連合離脱（BREXIT：ブレグジット）が決まりました。英国を欧州進出の要衝と位置づけている日系企業も少なくありません。在英日系企業にとってはブレグジットにより関税や輸出入手続きの負担などが増えることが予想されるため、拠点を英国に構え続けるか、EU地域に移転するかの選択を迫られます（関税の増加を考慮した、サプライチェーンの拠点配置見直し）。

Economic（経済的）

景気、雇用、賃金、消費動向などの経済的要因が自社に及ぼす影響のことです。高性能・多機能の高額製品は好況期に売れますが、不況期に売れません。経済的要因に合わせて製品ラインアップを見直すことがあります。

Social（社会的）

人口動態、流行や習慣などの社会的要因が自社に及ぼす影響のことです。最近起きている大きな社会的要因の1つは、所有からシェアリングへのシフトです。消費者が今まで買っていたモノを買わなくなる変化です。

Technological（技術的）

　新たな技術を製造オペレーションに活用することなどです。一例として3Dプリンティング技術があります。3Dプリンティング技術とは、3つの次元（英語でDimensionと呼びます）の設計データを用いて、2次元の層を1枚ずつ積み重ねていくことにより、立体モデルを製作する技術です。3Dプリンターでの製造が適しているのは、建設機械の補修部品など、販売数量が少なく、かつ在庫保有期間が長いロングテール商品と言われています。3Dプリンターでの補修部品製造により、建設機械であれば、MTTR（Mean Time To Repair；平均復旧時間）が短くなるというメリットがあります。

Legal（法的）

　欧州連合は、2021年に自動車の排ガス規制（CAFE規制）を導入する見通しです[14]。自動車メーカー各社が、販売した車両のCO_2の排出量平均値が算出されます。排出量基準を達成できない場合は、自動車メーカーは罰金を支払うか、排出枠に余裕のある企業から排出枠を購入する必要があります。たとえば、電気自動車メーカーの米国テスラ社は、他の自動車メーカーに温暖化ガス排出権を売却することでも収益を得ています。

　このCAFE規制によって、ガソリン車メーカーは燃費向上（＝製品改良）あるいは電気自動車への転換（＝新製品開発）が迫られます。2020年9月には、さらに厳格な規制が米国で導入されることが決まりました。米国カリフォルニア州は2035年以降に州内で販売される新車をすべてゼロエミッション車にすることを義務付けたため、ガソリン車メーカーは戦略転換を余儀なくされることになります。

Environmental（環境的）

　地球温暖化など、自然環境の変化が自社に及ぼす影響のことです。たとえば、メーカーではカーボンニュートラル対応が一層重要になると考えられます。日本では、2020年10月下旬に菅義偉首相が国内の温暖効果ガスでの排出を2050年までに実質ゼロにする方針を所信表明演説で述べました[15]。今後、カーボンニュートラル対応を進める日本企業が増えていくことが予想されます。

1-12 MP&C と ROIC の関係

　1-6「SCMの目的」では、ROICが企業の活動を経営者の観点から評価するのに適した指標であることについて触れました。このことを階層型意思決定の仕組みであるMP&Cとの関係で再整理しますと、ROICは主に経営層による「戦略」を立案する活動において設定されるKPIといえます。そして、このKPIについて現場の活動との関係における実効性を担保する役割を担うのが「計画」であり、その計画に基づいて実際に活動するのが「実行・管理」といえます。したがってROICの計算式を構成する個別の要素は主として実行・管理の結果として集積され、事業年度ごとの予算立案や中期的な経営計画立案といった戦略を起案する活動における継続的なKPIの見直しの手がかりとして参照されることになります。ROICを構成する各要素については、第10章で触れたいと思います。

$$ROIC = \frac{利益}{売上高} \times \frac{売上高}{投下資本}$$

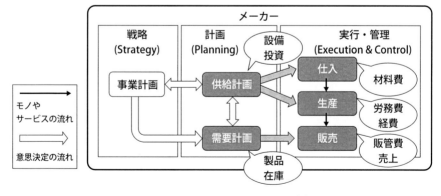

図1.19　MP&CとROICの関係

第2章

戦略：ストラテジック プランニング

この章を読み終えると、以下の内容を理解することができます。

- ストラテジーとは
- ストラテジーとサプライチェーンの関係
- サプライチェーンのストラテジックな意思決定の例
- MP&Cでのストラテジックプランニングの位置づけ

2-1 サプライチェーンの ストラテジーとは

ストラテジー（戦略）とは何か

　立てた目標をどのようにして達成するか定めたものを、ストラテジーと呼びます。ストラテジーはもともと政治的判断を意味する用語であり、政治的判断の１つに戦争するか否かが含まれていました。1960年代に米国の国防総省で勤務していた専門家が、ビジネス界や学界に転じた際に持ち込まれ、世の中に広まったといわれています[1]。

　企業にとってのストラテジーとは、その企業が置かれた環境で、どのような役割を果たすかを示したものです。そこには、その企業が誰を顧客とするか、その顧客をどのように満足させるか、競合他社とどのように戦うか、事業としてどのように成長させるか、売上高・利益などの財務的目標をどのように達成するかが示されています。

　製造業でストラテジーを定める際によく取り上げられるのが「どのような品質の製品をいくらで売るか」です。競合他社の製品とどのように差別化を図るか、ターゲット顧客を絞り込む（ニッチマーケットに集中する）か否か、価格帯をどこに設定するか、といったことが議論されます。

ストラテジーを定める際に何が重要か

　ストラテジーを定めることは、目標を達成するまでの段取りを決めることといえます。その際にもっとも重要なのが、自社で使える資源をどう分配するかを決めることです。ここでいう資源とはヒト、モノ、カネ、情報、さらには時間を指します。目標を達成するために、有限の資源をどこにどれだけ分配するかを決める必要があります。

ストラテジーとサプライチェーンの関係

　製造業の場合を考えます。メーカーはサプライヤーから原材料・部品を調達し、製造設備を用いて製品を生産します。そして、顧客に近い場所に製品在庫を保有し、顧客からの注文に応じて供給します。これらの活動を実現するために多

数の要素が必要であり、メーカーは様々な資源を投入しなければなりません。その際に「有限の資源をどこにどれだけ分配するか」の意思決定が必要となります。

メーカーが意思決定する内容は次のようなことです（**図2.1**）。製品に使われる部品を内製するか社外から調達するか、製造を自社工場で行うか外部に委託するか、顧客からの受注・納品リードタイムを短縮するために多数の在庫拠点を構えるか、それとも高速輸送手段を採用するか。製品に使う部品が汎用品で充足するならばその部品を社外から調達できますが、その部品を製造できるサプライヤーを見つけられない場合は内製が必要です。製品を作るために特殊な製造工程がある場合は自社工場で作らざるをえませんが、製造工程が汎用的である場合は製造が社外に委託されることが一般的です。その代表例がアパレル製品です。

また、物流には各種のトレードオフがあります。在庫拠点を増やせば、顧客からの受注・納品リードタイムを短縮できる一方、在庫金額が膨らみます。インディテックス社（章末のコラム参照）のように高速輸送手段を使えば工場から店舗への供給リードタイムを縮め需要に追随できますが、割高な空輸費用を負担しなければなりません。競合他社に勝つために、自社が提供するべきサービスレベル（3-1「デマンド（需要）とは」で解説）を決める必要もあります。このようにサプライチェーンを構築する際には多種の意思決定が必要とされています。これらはすべて、その企業が顧客に対してどのような価値を提供したいか次第で決まります。

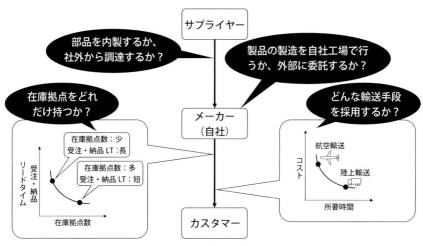

図2.1　メーカーの意思決定の例

2-2 サプライチェーンの戦略的意思決定の例（社内）

　サプライチェーンは一度構築されたら、一般的には相当な期間、維持されます。製造設備などの投資を回収する必要があるからです。そのため、どのようなサプライチェーンを構築するかという「サプライチェーンの設計」が重要になります。

　製品のライフサイクルコストは設計・開発の段階でほぼ決まるとよくいわれますが、サプライチェーンの設計も同じです[(2)]。サプライチェーンが設計される時に、ライフサイクルのオペレーションコストの大半が決まるのです。そこで、サプライチェーンに関わるストラテジックな意思決定の例2つを以降に示します。

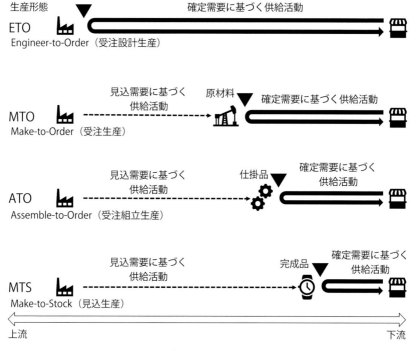

図2.2　デカップリングポイント（図中の▼）

42

デカップリングポイントをどこに置くか？

　デカップリングポイントとは、簡単にいうと、顧客からの注文に対して、サプライチェーン上のどこにある在庫で構えるか、ということです[3]。**図2.2**は4つの生産形態（ETO、MTO、ATO、MTS）でのデカップリングポイントの場所を示したものです。

　顧客から近い場所に倉庫を配置し、そこに製品在庫を保管する方法もあれば、顧客から注文が届いてから手持ち部品在庫を使って製品を組み立てる方法もあります。このデカップリングポイントの場所を、サプライチェーン上のなるべく下流に配置することで、顧客からの受注・納品リードタイムをある程度短い範囲に抑えながら、製品数が膨れ上がり在庫金額がかさむのを避けることができます。ただし、デカップリングポイントを下流に配置し顧客からの要求に俊敏に対応するには、それ相応の供給能力を持つ必要があり、追加コストが発生します。トレードオフの関係があることを理解してデカップリングポイント配置を決める必要があります。

サプライチェーンネットワークをどう設計するか？

　メーカー、特に見込生産型の生産形態を採るメーカーの場合、少数の生産拠点で製品を作り、その製品を顧客に近い場所にある多数の物流拠点に供給するというオペレーションが採用されることが一般的です。

　他方、同じ加工食品であっても、賞味期限の長さによってサプライチェーンのネットワークが異なります。たとえば、菓子や清涼飲料のように賞味期限が数か月間と長い加工食品の場合、日本国内に工場を1つ構え、全国に供給することが可能です。他方、日配品（納豆、豆腐など）のように賞味期限の短い加工食品の場合、日本国内に工場を1つ構え、全国に供給することは不可能です。

　また、製品の容積・重量あたりの販売単価の高低によっても、サプライチェーンのネットワークが異なります。製品の容積・重量あたりの販売単価が低く、物流費負担力が小さい商品は、工場から遠隔地にある市場まで運ぶと採算が取れなくなるため、工場が分散して配置される傾向があります。

　製品そのものの賞味期限や顧客が許容する受注・納品リードタイム、物流費負担力などの条件をふまえて、生産および物流拠点の配置、すなわち、サプライチェーンネットワークを設計する必要があります[4]。

2-3 サプライチェーンの戦略的意思決定の例（社外）

前節で述べた戦略的意思決定のほか、外部環境をふまえて戦略的に意思決定を行う必要に迫られることが増えています。ここでは例としてサプライヤーとの関係、自然災害リスクの2つを取り上げてみましょう。

サプライヤーとどのような関係を築くか？

製品改廃が多いカテゴリーでは、競合他社より優位に立つために、新製品導入リードタイムを短縮したり、単位期間内の新製品投入数を増やしたりすることが多々あります。その際に重要になるのがサプライヤーとの関係です。新製品の設計情報はメーカーにとってきわめて機密性の高い情報です。新製品導入リードタイム短縮や単位期間内の新製品投入数増加のためには、サプライヤーとの信頼関係を築いたうえで、新製品開発を協働することが必要になります[5]。

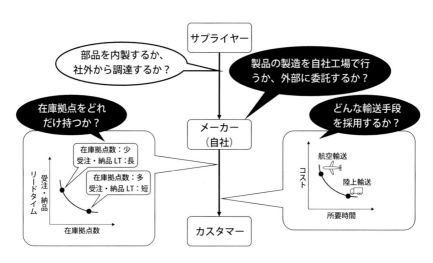

図2.3 サプライヤーとの関係構築

ただし、このような関係を築けるのは少数のサプライヤーに限定されます。どのサプライヤーと取引するかを慎重に選択する必要があります。

　数年前にロケットの基幹部品開発を取り扱った人気テレビドラマがありました。部品の買い手であるロケットメーカーは基幹部品の内製化を図るため、部品メーカーからの特許買取を要望していましたが、最終的には部品メーカーが特許を保持しロケットメーカーに部品を供給するという形で収まった、という話でした。

　コモディティを調達する場合は、サプライヤーから特許を買い取る必要はありません。しかし、特殊な部品、しかも、製品の競争力を左右する重要部品を必要とする場合は、特許を買い取ったり、独占的供給契約を締結したりして、競合企業への重要部品供給を遮断し競争優位を築くことがあります。

自然災害リスクにどう備えるか？

　日本は台風、豪雨、豪雪、地震といった自然災害によく見舞われます。自然災害で拠点が被災し製造や出荷ができなくなる、また、輸送ネットワークの遮断により製品在庫があるのに供給できない、といった事態が発生します。

　2000年代に入り、大きな成長を見込めない日本市場を対象とするメーカーでは、サプライチェーンコストを削減するため生産拠点や在庫拠点を集約する動きが続いていました。しかし、サプライチェーン遮断リスクへの対応力を高めるため、この動きが見直されています。具体的には輸送ネットワーク遮断や輸送能力低下に備えて生産拠点や在庫拠点を分散配置することです。たとえば、2011年の東日本大震災の後、とある製薬メーカーは製品在庫拠点数を増やしています。もちろん、リスクに備えるには相応の投資が必要となるため、経営判断が求められる事項です。

　最近では「レジリエンス」という言葉を耳にすることが増えてきました。これは回復力という意味ですが、自然災害などによって一時的にサプライチェーンが遮断された場合に、元の状態に短時間で戻れる能力のことを指します。これにはいろいろな方法があります。まったく同じ仕様の工場を複数作る（インテル）、部品の標準化を進め部品種類数を減らすなどです[6]。

2-4 MP&C でのストラテジック プランニングの位置づけ

ビジネスプラン

　企業のストラテジーを、数字を用いて表現したものを「ビジネスプラン」と呼びます。日本語でいうと「事業計画」という言葉が近いかもしれません。ビジネスプランには自社の将来の事業内容（製品系列、マーケットなど）が示されています。ビジネスプランは詳細なものではありません。個々の製品の販売数量ではなく、製品群単位の売上高で示されています。

　取扱商品のライフサイクルの長短、市場での競合状況などに依存しますが、ビジネスプランの対象期間は一般的には3〜5年、長い場合は10年におよぶことがあります。そして通常、半年あるいは1年ごとに計画が更新されます。

ストラテジックプランニング

　ビジネスプランを立てるプロセスのことを「ストラテジックプランニング」と呼びます。**図2.4**に示すMP&C全体像のもっとも左側にある部分です。

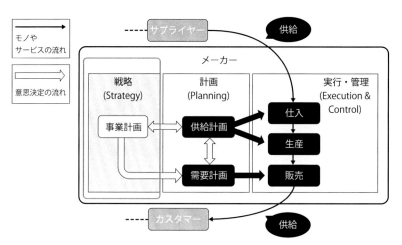

図2.4　MP＆C全体像とストラテジックプランニングの位置づけ

46

　ビジネスプランは、長期の需要予測に基づいて、社内の関係部門（マーケティング、財務、生産、技術）が参画して作られます。内部環境と外部環境が把握された上で、課題を洗い出し、その課題をどうやって実現するかについての基本方針を決めることになります。

　ビジネスプランは、自社の将来の事業内容が製品群単位で売上高が示されますが、「自社がどう商売したいか？」によって書かれる内容は様々です。簡単な例を紹介します。

　まず、米国の電気自動車メーカーであるテスラ・モーターズのように、新たに会社を立ち上げる場合があります。このテスラ・モーターズ社の会長に2004年に就任したのがイーロン・マスク氏です。2008年に最初の生産車両テスラ・ロードスターが販売された後、2012年に乗車定員5人のセダンであるモデルSが、2016年に5人乗りセダンの小型・低価格版であるモデル3が販売されました。最初はプレミアム価格を負担できる顧客層がいる高級車市場に参入し、その後、量産可能な新車種を開発して低価格帯市場を展開するという戦略を採用したことがうかがえます。この例から、新たに会社を立ち上げる場合、商品ラインアップと研究開発を含め10年程度の期間に及ぶ事業計画を検討する必要があることがわかります。

　次に、1989年に北米市場でレクサスという高級車ブランドを立ち上げたトヨタ自動車のように、新たな製品群を揃える場合があります。レクサスの日本での販売が始まったのは2005年ですが、レクサス専用の製造ラインほかレクサス専用の販売店網・整備工場が設けられました。新たなブランドを構築するには、新たなコンセプトの商品開発に留まらず、販売店や整備工場など、新たな顧客層と関係を築くための接点の用意が必要な場合があります。サプライチェーンの全体にわたって相当な規模の資源投入が必要であることがわかります。

　そして、消費財メーカーが小売店舗の棚を確保するために、既存の製品群の中で新製品を開発し続ける場合があります。製品の入れ替わりが激しい小売業態がコンビニエンスストアです。そのコンビニエンスストアの店頭で競合他社と戦うために、新製品開発に資源を注ぐ消費財メーカーは少なくありません。コンビニエンスストアを含む小売業態向け製品を作る消費財メーカーの中には、1年間に新製品を約100個も上市するところもあります。

　ユニクロ、ZARAは、ともにアパレルの製造小売業です（企業名ではなく店舗ブランド名です）。ただし、収益構造が大きく異なっています。

　ユニクロは、比較的長期間販売される、ベーシックな商品を取り扱っています[7]。アイテム数を絞り、1アイテムあたりの調達数量を多くし、調達単価を下げています。物流費を抑制するために、折りたたまれた製品が梱包の中に積み重ねて詰められた状態で海上輸送されます。シーズンの終わりに、在庫が余っている場合には値引き販売が行われます。

　他方、ZARAは、ユニクロに比べてファッション性が高く、短期間でアイテムが入れ替わります[8]。店頭での売れ行きをふまえて、売れそうなデザインの製品がスピーディに投入されます。それを実現するためにインディテックス社はデザインの在庫を抱えています。スピードを重視するため、製品はハンガーに吊るされた状態で航空機で運ばれます。値引き販売はあまり行われません。

　大ざっぱな比較になりますが、ユニクロは低いコストで調達してシーズン終盤に値引き販売する一方、ZARAは高いコストをかけて調達・供給し、あまり値引きせずに販売します。両者とも同じアパレルの製造小売業ですが、その収益構造は大きく異なります（**図2.5**）。

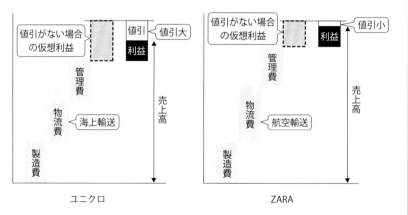

図2.5　ユニクロとZARAの収益構造の違い（イメージ）

48

第 3 章

計画：デマンドマネジメント（需要計画）

この章を読み終えると、以下の内容を理解することができます。

●デマンド（需要）とは
●デマンドマネジメント①：デマンドプランニング
●デマンドマネジメント②：需要情報の意味

3-1 デマンド（需要）とは

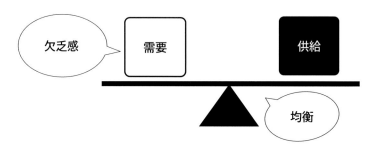

図3.1　SCMにおけるデマンド（需要）とサプライ（供給）の関係

「需要計画」とは

　サプライチェーンにおける「デマンド（需要）」とは、ユーザーが欠乏感（deprivation）を充足するための手段として選択し、対価を支払って入手したいと考える商品の量（個数または金額）の総和を指します[1]。

　需要に対して当該商品を短期的に過不足なく供給するだけでなく、それら中長期的な均衡状態を維持することはSCMの主要な目標の1つです（**図3.1**）。この需要に関する情報はこれらの製品や仕掛品、原材料を生産する企業、およびディストリビューション（流通）によってそれらを商品としてユーザーに提供する企業が「事業計画」や「供給計画」を起案するための起点となります。しかし、需要は様々な要因によって変化する性質を有していることから、適切な供給を考えるうえではその変化の特徴を把握する必要があります。

　また、企業は供給の対象とみなす需要についての意思決定を行う必要があります。このときに需要に対して企業が自らの意思で設定する目標としての供給割合は「サービスレベル」と呼ばれ、通常はパーセンテージで表示されます。サービスレベルは需要に対応するための負担と得られる利益を比較衡量して設定すべきものであることから、必ずしも100%を目指すべきものではない点に注意が必要です[2]。SCMでは、このようにして企業の意思を反映する形で供給部門に連携する需要情報を起案する活動を「需要計画」と呼びます（**図3.2**）。

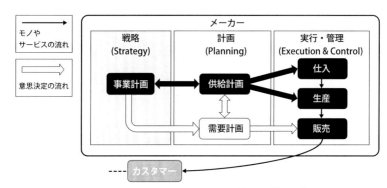

図3.2　MP&Cにおける需要計画の位置づけ

SCMにおける「需要計画」の位置づけ

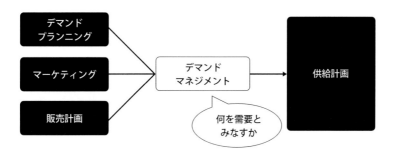

図3.3　デマンドマネジメントと供給計画の関係

　SCMにおいて需要計画を起案する際は「デマンドマネジメント」が不可欠です。デマンドマネジメントとは、企業が供給活動を行うにあたりどのような需要情報をその対象とするのかという点について意思決定するための活動です。

　世界標準のSCMにおいては「サプライチェーンはユーザーの需要が起点である」という世界観が重要と考えられています[3]。すなわち、供給者は、個々のユーザーが感じている欠乏感（ニーズ）を満たすための商品を供給する活動を行っている、という考え方です。

　どのような商品がどれくらい必要とされているかという情報は、企業のマーケティング部門や販売部門を中心に「デマンドプランニング」「マーケティング」「販売管理（第8章）」といった活動を通じて集積されます。デマンドマネジメントではこれらの各部門が収集・整理した情報から「需要計画」をつくり、企業として供給活動に用いるための需要情報についての認識を統一します（**図3.3**）。

3-2　デマンドマネジメント① デマンドプランニング
独立需要と従属需要

図3.4　需要予測は独立需要を対象として行う

デマンドプランニングの対象は「独立需要」である

　デマンドプランニングは、企業自身が持っている内部情報や企業を取り巻く外部環境に関する情報に基づいて将来の需要を予測し、その予見性を高めることでデマンドマネジメントに寄与することを目的とする活動です[(4)]。

　SCMでは原材料の手配や生産・輸送に必要な人員の計画といった準備に時間を要する活動が多く含まれます。需要予測はこれらの活動を適切なタイミングで行うための前提となる情報を提供する役割を担っている点できわめて重要な活動といえます。

　なお、需要は独立して変化する性質を持つ「独立需要」と、他の需要に従属して変化する性質を持つ「従属需要」とに整理することができます。前者は家電製品のように商品として店頭に並んでいる最終製品についての需要、後者はその最終製品を構成しているモーターや樹脂といった部品・部材のようなものについての需要がこれにあたります。デマンドプランニングでは、これらのうち特に「独立需要」を対象として需要予測を行います（**図3.4**）。

需要計画の目的と対象期間

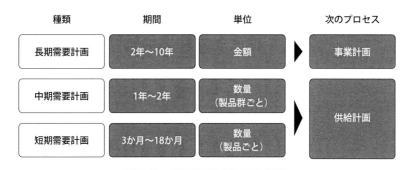

図3.5　需要計画の種類と特徴

　デマンドマネジメントを通じて起案される「需要計画」には、長期・中期・短期のものがあります。そのため、需要予測についても同様の期間を対象として検討する必要があります。また、これらの需要計画はそれぞれ目的が異なりますので、需要予測はこれに資する単位をもって検討することが求められます [5]。

　長期の需要計画は、設備投資など経営資源の配分についての意思決定をともなう供給方針を決める際に考慮されます。事業計画などがこれに該当します。中期および短期の需要計画は、製品やサービスを供給するための具体的な活動の内容として何を・いつ・どれくらい生産・調達する必要があるかという「供給計画」を立てる際に考慮されます。

　長期需要計画は、事業計画に用いられることから2年以上の期間を対象として起案されます。また、事業計画では特に企業活動における財務面が考慮されることから、長期需要計画は金額ベースで起案することが適切であるといえます。他方、供給計画を起案する際にはその企業の供給能力（キャパシティ）を考慮する必要があります。そのため中期需要計画および短期需要計画は数量ベースで起案することが適切であるといえます。中期需要計画は18か月程度の期間を対象として、その企業の供給する製品やサービスを特徴ごとに整理した「製品群」ごとに起案されます。短期需要計画は、3か月程度の期間を対象として、製品ごとに起案されます（**図3.5**）。

3-3 デマンドマネジメント① デマンドプランニング
需要予測の方法

需要予測の目的

　需要予測は、企業の既存商品や新商品に対する需要（独立需要）が将来どのように変化するかということについて検討し、予見性を高めるための活動です。

　SCMにおいて需要予測を行う際は、次の4つの原則[6]を念頭に置いて行うことが重要です。1つめの原則は「予測の『正確さ』が100%であることはきわめてまれである」というものです。2つめの原則は「予測の『精密さ』も100%であることはきわめてまれである」というものです。これらは、予測の「精度」は実績と比べることではじめて把握できるものであることを示しています。そのため、需要予測を行う際は必ず事後的に実績値との乖離の範囲を把握し、その分析を通じて精度向上に努めることが重要であるといえます。3つめの原則は「遠い未来よりも近い未来に関する予測の方が精密さが高くなりやすい」というものです。4つめの原則は「個々の商品よりも商品群に関する予測の方が正確さが高くなりやすい」というものです。**図3.6**は実績値が一定と仮定した場合の予測の精度について示しています。

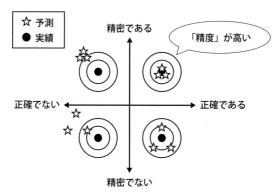

図3.6　予測の精度

需要予測の手法

　需要予測の手法は、根拠とする情報の特徴によって2種類に大別することが

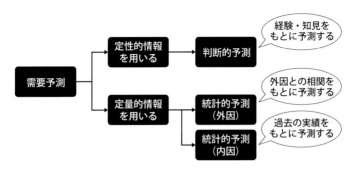

図3.7　用いる情報の種類による需要予測方法の整理

できます。1つめが定量的な情報に基づく予測手法、もう1つが定性的な情報に基づく予測手法です（**図3.7**）。定量的な情報に基づく予測手法には、企業自身の過去の活動に関する実績データを用いる「内因的需要予測」と、パブリックデータなどの外部の情報を用いる「外因的需要予測」があります。なお、これらの定量的な情報に基づく予測手法は「統計的予測手法」とも呼ばれることがあります。定性的な情報に基づく予測手法は、専門性や経験による企業内外の知見を参考にして判断することを重視する手法（例えば3-7の「デルファイ法」）です。

　統計的手法による需要予測では時系列データを用います。時系列データとは、一定の期間ごとに連続的に測定・蓄積されたデータのことです。需要予測において時系列データは時間の経過にともなう需要の変化の特徴を把握する目的で用いられます[7]。時間の経過にともなって需要が変化する要素は、比較的長期にわたって継続する減少または増加を表す「傾向（トレンド）」、一定の周期で起きる需要の変動を表す「季節性」、ランダムな需要の変化を表す「ばらつき」の3つに整理することができます（**図3.8**）。

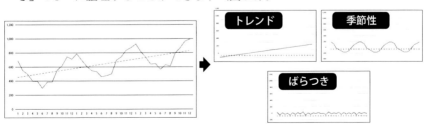

図3.8　需要を変化させる3つの要素

デマンドマネジメント① デマンドプランニング
定量的手法①：移動平均法

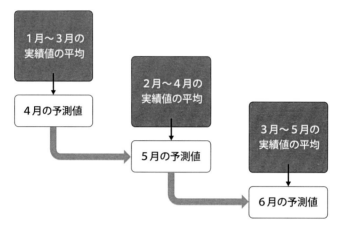

図3.9　移動平均法による需要予測

移動平均法とは

　移動平均法は、実績値の時系列データについて、ある一定期間を対象として平均値を求めて直後の期の予測値として用い、かつこれを毎期更新する定量的需要予測手法の1つです。

　実績が月ごとに記録されているようなケースでは、1月から3月までの3か月間の実績の平均値を4月の予測値とし、翌月は2月から4月までの実績の平均値を予測値とするといった手順を繰り返すことで「3か月移動平均」を求めることができます（図3.9）。

移動平均法による需要予測の特徴

　移動平均法は、常に実需の変化に追随する形で変化が現れると同時に、特定の期にだけに生じた突発的な需要の変化の影響が希釈化されて緩やかな変化として現れる点に特徴があります（図3.10）。これらのことから、移動平均法は長期的なトレンドを把握するのに比較的適した需要予測の手法である一方、直近の変化を把握するのにはあまり向かない手法であるといえます。

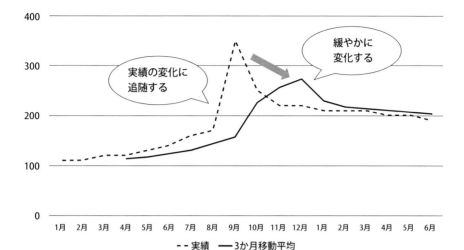

図3.10　移動平均法の特徴

　前出の例では移動平均法の対象期間が3か月である場合について説明しました。もしこれを6か月に変更した場合、移動平均のグラフはよりなだらかなものに変化します。この際に短期的な需要の変化の影響はより少なくなり、長期的な傾向（トレンド）が強調されることになります。さらに対象期間を広くした場合、移動平均のグラフはより直線に近づくことになります（**図3.11**）。

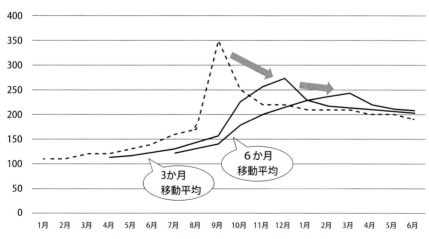

図3.11　対象期間の違いによる特徴の変化

デマンドマネジメント① デマンドプランニング
定量的手法②：指数平滑法

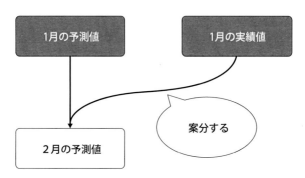

図3.12　指数平滑法による予測値の求め方

指数平滑法とは

　指数平滑法は、より新しいデータを用いるほど予測精度が向上すると考えられる場合に用いられる定量的予測手法の1つです。

　指数平滑法では、直近の月の需要についての予測値と実績値を案分することで、その直後の月の予測値を求めます（**図3.12**）。この案分の際に用いられる実績値をどの程度考慮するか、という重みづけの値は「平滑化定数」と呼ばれ、通常 α（アルファ）という記号で表されます。指数平滑法は、需要の比較的安定した商品などについての短期的な予測にはとても適しているとえいます。その一方で、需要自体が少なかったり断続的であったりする商品の需要予測にはあまり適さない方法といえます。計算例は下図のとおりです（**図3.13**）。

$\alpha = 30\%$		予測	実績
	1月	100	120
	2月	106	

2月予測＝120×30%＋100×(100%-30%)＝106

図3.13　指数平滑法による予測値の計算例

指数平滑法による需要予測の特徴

　指数平滑法における平滑化定数（a）は、0%から100%の範囲で表されます。このとき、平滑化定数が100%に近いほど実績を重視することになります。すなわち設定する平滑化定数の値が大きいほど予測と実績の乖離を強調して表現することができます。他方、平滑化定数が0%に近いほど、予測値を重視することになります。

　平滑化定数はこのような特徴に鑑みて各企業の活動における判断に基づいて設定されますが、一般的に動的需要の予測に用いる場合については平滑化定数を大きくし、静的需要の予測に用いる場合については平滑化定数を小さくします。下図は、実績値が一定の場合に平滑化定数を30%、40%、50%としたときの予測値の変化を示したものです（**図3.14**）。

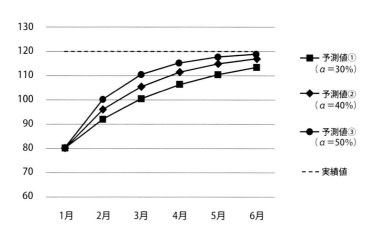

	予測値① （a=30%）	予測値② （a=40%）	予測値③ （a=50%）	実績値
1月	80	80	80	120
2月	92	96	100	120
3月	100	106	110	120
4月	106	111	115	120
5月	110	115	118	120
6月	113	117	119	120

図3.14　平滑化定数の変化をともなう予測値の変化

外因的予測手法とは

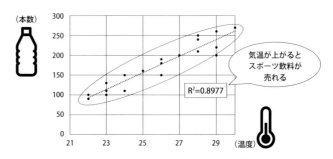

図3.15 データ間に強い正の相関関係が存在する例

　外因的予測手法は、商品需要の変化と相関関係のある外部のデータから将来の需要を予測する定量的予測手法の1つです。この手法は前掲の内因的予測手法で用いた売上実績データのような企業の内部に蓄積されているデータではなく、外部のデータを用いて需要予測を行う点に特徴があります。

　「相関」とは、一方が変化すると他方も変化する関係にある状態をいいます。たとえばあるスポーツ飲料の需要について、気温が高くなるほど大きくなることがわかっていたとします。この場合、両データの間には「（正の）相関がある」ということができます。そのため、気温についての予測をもとにス

図3.16 データ間に相関関係が存在する組み合わせの例

ポーツ飲料の需要を想定することができます（**図3.15**）。その他にも木材需要と住宅着工件数などのデータ間にも相関があるといわれています[8]。このような情報は「経済指数」とも呼ばれます（**図3.16**）。

相関係数と需要予測

強い相関がある　　　強い相関がある　　　弱い相関がある　　　相関がない
（相関係数 1.0）　　（相関係数 0.8）　　（相関係数 0.5）　　（相関係数 0）

図3.17　相関関係の強・弱

　ところで、商品の需要と何らかの経済指標との間に相関関係がある場合でも、その関係性が強い関係であるか弱い関係であるかによって需要予測の信頼性が異なります。2種類のデータの相互関係の程度を数字で表したものを「相関係数」と呼びます。相関係数は1に近づくほど「一方が増えれば他方も増える」という正の相関関係が強くなります。反対に、−1に近づくと「一方が増えれば他方が減る」という負の相関関係が強くなります。そして、ゼロに近いほど相関関係が弱くなります（**図3.17**）。

　SCMにおいては、企業の商品の需要と「強い正の相関」または「強い負の相関」を有している経済指標などの外部環境を発見して、需要予測に用いることが重要であるといえます。

---

column ● 清涼飲料と季節性

　スポーツ飲料の需要は発汗量とも強い正の相関があることが知られています。このことから発汗量の多い夏季に年間需要が最大となると考えられています。他方、長い歴史を持つ炭酸飲料の中には、CMで目にする「夏」のイメージとは反対に、年間を通じて安定的な需要傾向を持つものもあります。

3-7 デマンドマネジメント① デマンドプランニング
定性的手法

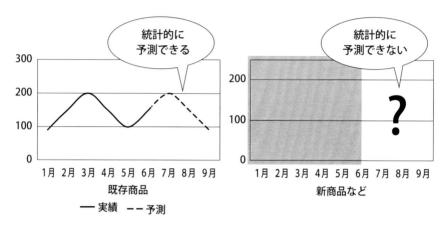

統計的に予測できる

統計的に予測できない

?

300
200
100
0
1月 2月 3月 4月 5月 6月 7月 8月 9月
既存商品

200
100
0
1月 2月 3月 4月 5月 6月 7月 8月 9月
新商品など

━ 実績　-- 予測

図3.18　統計的予測を行うことのできない場合

定性的予測手法とは

　定性的手法は、前掲の時系列モデルとはやや異なるアプローチの需要予測方法です。新商品など時系列データがまったく存在しない場合、統計的な手法を用いて需要予測を行うことは難しいといわざるを得ません。定性的予測手法は、このような状況において用いられることの多い需要予測手法です（**図3.18**）。この際に考慮される情報は、専門家やベテラン担当者などの有識者の持つ知見です。

　定性的需要予測を起案する際には、主観、すなわち何らかの意図を含む情報を考慮に入れることがあります。これらの情報を予測に用いる際はやや注意を要する場合があります。たとえば、販売部門はKPI（Key Performance Indicator：重要業績評価指標）としての販売予算を定期的に起案します。ここで起案される数字も一種の売上予測とみなすことが可能ですが、必ずしも供給計画に引き継がれて用いることを想定して起案されているわけではありません。そのため販売予算をデマンドマネジメントで考慮する場合は、案がどのような意図を含

むものであるかを起案者に確認する必要があります。特に販売部門が販売予算を予想される需要よりも低く抑えたい意図をもって起案している場合、またはその逆の場合を想定する必要があります。なお、実務上の対応としては、下記のような加重平均を用いることでこのような主観の入った情報の影響を小さくすることができます。

加重平均＝｛楽観予測値＋悲観予測値＋（蓋然性の高い予測値×4）｝÷6

定性的予測手法の例：デルファイ法

複数の専門家の統一見解をもって予測値とする定性的予測手法の一つに「デルファイ法 (Delphi method)」があります。この方法は、複数の専門家から得た見解のうち不一致がある部分について、その内容をもとに再度見解を求めることを繰り返すことで見解の統一をはかるものです[9]。このとき、集団心理による見解の同質化を避ける観点から、各専門家は匿名で回答することが求められます（図3.19）。

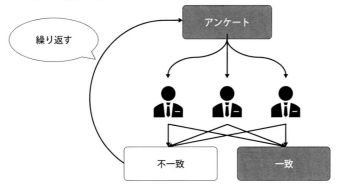

繰り返す

アンケート

不一致　　一致

図3.19　デルファイ法による予測

column ● 「デルファイ法」の由来

　「デルファイ法」という呼称は、古代ギリシャにおける意思決定方法の1つである「神託」を執り行う中心地であったデルポイ($\Delta\varepsilon\lambda\phi o\iota$)の地名に由来するといわれています。古代デルポイの遺跡はユネスコの世界遺産（文化遺産）として登録されています。

デマンドマネジメント① デマンドプランニング
予実乖離の把握 （MAD）

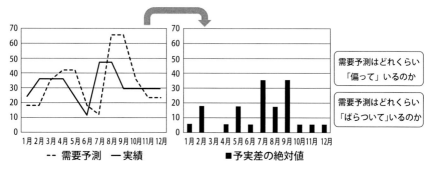

図3.20　予測と実績の乖離

どのようなデータを異常値とみなすか

　予測した需要と実績との差（予実乖離）を継続的に把握することは、予測に用いた方法が適切であったか否かについて吟味し、将来の予測方法をより適切なものにすることに寄与します。

　需要予測は「当たらないものである」という特徴について3-3で触れました。しかし、より適切なデマンドマネジメントのためには、予測値の正確さ（偏り）と精密さ（ばらつき）を一定の範囲内に保つ努力が望まれます（**図3.20**）。実務では、これらを観測する簡便法として、過去の予測値と実績値の

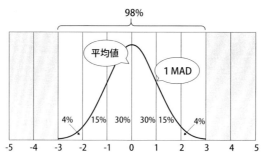

図3.21　MAD（Mean Absolute Deviation）

差の絶対値の平均（平均絶対偏差＝MAD）を基準とする方法が用いられています。正確さについては、予実差のデータが一定の傾向をもって平均値から乖離している場合に、需要予測の修正、または予測方法を見直す必要がある状況とみなされます。精密さについては、±3MAD（これまでのデータの98％が含まれる範囲）を基準として、これを超えるデータを異常値とみなします（**図3.21**）。

平均絶対偏差（MAD）の計算方法

MADは下記の式で求めることができます。

> 1MAD＝予実差の絶対値の合計÷データの個数

この式を用いて、12か月の予測データと実績データからMADを求めてみましょう。**表3.1**では1MADが13.5と計算されました。「予実差の絶対値」の列を見ると、13.5以下の値が7件あり、全体12件の58％を占めています。このことから±1MADの範囲に全データの約60％（±30％）のデータが含まれることがわかります。さらに、±2MADの範囲には90％（±45％）、±3MADの範囲には98％（±49％）データが含まれます。

	需要予測	実績	予実差 (Deviation)	予実差の絶対値 (Absolute Deviation)
1月	18	24	6	6
2月	18	36	18	18
3月	36	36	0	0
4月	42	36	−6	6
5月	42	24	−18	18
6月	18	12	−6	6
7月	12	48	36	36
8月	66	48	−18	18
9月	66	30	−36	36
10月	36	30	−6	6
11月	24	30	6	6
12月	24	30	6	6

予実差の絶対値の平均(Mean Absolute Deviation＝1 MAD)	13.5

表3.1　MADの計算例

受注に基づく需要情報の特徴

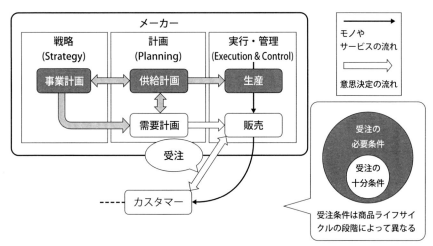

図3.22　受注の十分条件と必要条件の関係

　企業の活動における需要情報のうち、実際の受注に基づく需要情報は取引先との契約に基づくコミットメントである点で予測情報とは性質を異にします。実際の受注に基づく需要情報は、需要予測に基づく需要情報と比べて不確実性が相対的に小さいといえます。

　先に触れたようにSCMは不確実性の克服が極めて重要です。そのため、SCMを構成する要素である需要情報についても何らかの方法で確実性の高い状態にすることが望まれます。この観点より、企業が商品を販売するために顧客より注文を受ける行動は、売上金額に寄与することを目的とする営業部門の活動であるとともに、需要の不確実性を克服することを目的とするSCMの活動の一つとして捉えることが適切といえるでしょう。

　なお、供給者としての企業が顧客からの受注を得るためには、顧客の欠乏感を充足する手段を提供すること（必要条件の充足）に加えて、同様の効果を伴う手段を提供する他の供給者との差別化（十分条件の充足）が必要です（**図3.22**）。

この差別化要素については商品ライフサイクルの段階によって異なる点に特徴
があります。

流通倉庫の補充発注にもとづく需要情報

　また、受注により確定した需要以外の実現可能性が高い需要情報として、流通
倉庫の補充発注に基づく需要情報が挙げられます。各地域倉庫が試算した在庫補
充タイミングから補充すべき量（所要量）を計算し、上流工程に伝達します。こ
の情報は一種の確定需要情報として、供給計画における短期供給計画であるマス
タースケジューリング（第4章参照）のステップに直接伝達され、仕入・生産プ
ロセスに組み込まれる点に特徴があります。このアプローチはDRP（Distribution
Requirements Planning）とも呼ばれます。DRPは、地域倉庫が把握している
個々の需要情報を供給計画と統合することで効果的・効率的に充足することを
目的とする需要計画手法の1つとして位置づけられます（1-10「MP&Cの構成
要素」参照）。

商品ライフサイクルと需要情報の解釈

　企業が顧客より受注を得るための十分条件、すなわち市場競争における差別
化要素となり得る特徴は、商品が「ライフサイクル」のどの段階にあるかに
よって異なります。商品ライフサイクルを「導入期」「成長期」「成熟期」「衰
退期」の4段階に整理した場合、各段階において求められる特徴の例として
は、「導入期」では商品の新奇性と入手性、「成長期」では「品質」、「成熟期」
および「衰退期」では「価格」などが挙げられます（図3.23）。

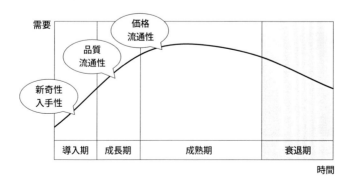

図3.23　商品ライフサイクル

column ● ASCM／APICSのSCM普及活動

　ASCMは、1957年に米国で設立されたAPICS（American Production & Inventory Control Society）を母体とする非営利団体で、その本部はシカゴにあります。

　ASCMはSCMに関する知識体系の標準化推進と教育・資格認定を専門とする団体としては世界最大規模[10]であり、毎年開催される年次カンファレンスには50以上の国や地域からSCM実務家を中心に2,000人超が参加しています（図3.24）。また、ASCM／APICSの教育・資格認定を受けた実務家の数は全世界で10万人を超えており、この認定資格であるCPIM・CSCP・CLTDは、米国企業を中心にSCM人材の採用条件として広く用いられるなど、グローバルSCMに携わるプロフェッショナルとしての基礎知識を有していることを端的に示す基準として用いられています。米国のSCM関連業務従事者2,600人強を対象とした近時のサーベイでは対象者の約半数がこれらの資格を1つ以上取得していることからもその普及状況が伺えます[11]。

　APICSは2019年にビル＆メリンダ・ゲイツ財団をはじめとする様々な企業・組織とのアライアンス強化することを目的としてASCMに改組するまでの間、多くのSCM関連団体をその傘下に受け入れることでも知識体系の標準化を主導してきました。その中には1996年に設立されグローバル・サプライチェーン標準参照モデル（SCOR® : Supply Chain Operations Relerence Model）の開発と推進を行っていたSupply Chain Council（SCC）や、1946年よりロジスティクス分野のグローバル標準の策定・認証を推進していた団体である American Society of Transportation and Logistics（AST&L）が含まれます[12]。

　2021年現在、ASCMは全世界に4万5千人超の法人・個人会員と約300のチャネルパートナーを擁しており[13]、日本地区では2011年より公益財団法人日本生産性本部が代表部、プレミアムチャネルパートナーとなり、世界標準のSCMの普及に努めています。

図3.24　米国シカゴで開催された APICS全国大会の会場の様子 （2018年10月 行本顕　撮影）

第 4 章

計画：サプライプランニング

この章を読み終えると、以下の内容を理解することができます。

- サプライプランニングとは
- 中期計画・製品群レベル
- 短期計画・製品レベル
- 短期計画・構成部品レベル

4-1 サプライプランニングとは
サプライプランニングの構造

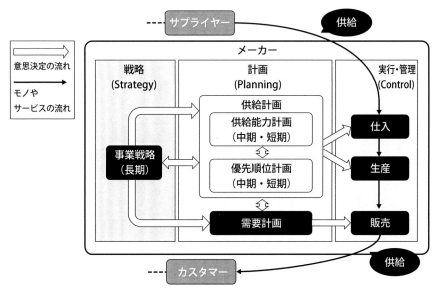

図4.1　MP&Cにおける供給計画の位置付け

優先順位計画と能力計画

　供給計画は、メーカーが「製品をいつどれだけ作るのか」「そのための能力をどれだけ用意しておくか」に関して立案する計画です。そのインプットは「事業計画」と「需要計画」であり、アウトプットは続く「実行・管理」に関する諸活動のインプットとなります。

　供給計画には、大別して2種類の計画が含まれます。1つめは需要計画に対する供給の優先順位について意思決定する活動である「優先順位計画」、2つめは企業が用意することのできる供給能力と需要計画との差異を把握してその対応方針について意思決定する活動である「供給能力計画」です（図4.1）。

製品軸での階層的意思決定の機構

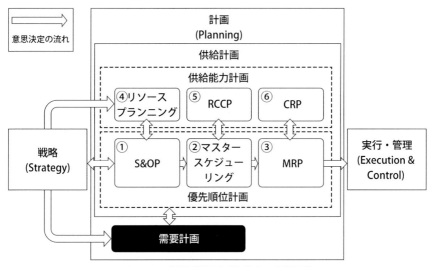

図4.2　供給計画を構成する活動群

　供給計画の軸となるのは「優先順位計画」です。この活動は、需要情報の粒度に沿って「製品群」「製品」「構成部材」といった3段階で構成される階層的な意思決定の活動として実施される点に特徴があります。なお、各段階における意思決定の活動は、それぞれ①「Sales and Operations Planning（S&OP）」②「Master Scheduling（マスター・スケジューリング）」③「Material Requirements Planning（MRP）」と呼ばれます[1]。

　また、これら3つの活動は、それぞれの段階において供給能力のチェックを行います。中期的な供給計画を起案するS&OPに対する供給能力を検討する活動は④「Resource Planning（リソースプランニング）」と呼ばれ、設備投資などの経営判断を視野に入れて実施します。マスター・スケジューリングに対する供給能力を検討する活動は⑤「Rough Cut Capacity Planning（RCCP）」と呼ばれ、完成品レベルの短期的な供給能力を概算する観点から実施します。そして、MRPにおいて部品レベルに展開された需要情報に対する供給能力を計算する活動は⑥「Capacity Requirements Planning（CRP）」と呼ばれます[2]。

　このようにして、事業計画と需要計画はこれら6つの活動を経て実行計画に変換され、実行・管理を担当する現場へと連携されます（**図4.2**）。

4-2 中期・製品群レベル：優先順位計画 S&OP

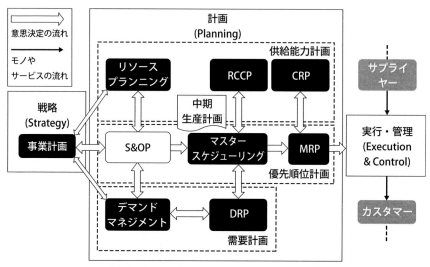

図4.3　MP&CにおけるS&OPの位置づけ

S&OPとはどのような活動か

　S&OPは、需要計画をもとに製品群レベルの中期的な供給計画を起案する活動です。この活動を通じて起案される計画はプロダクション・プランとも呼ばれ、15か月から18か月の期間を対象として製品群別の数量および金額で示されます。また、S&OPでは個々の製品を10種類程度のグループ（製品群）に分け、この製品群ごとにプロダクション・プランを起案します[3]。プロダクション・プランは需要サイドを担う販売部門、マーケティング部門、商品開発部門や、事業計画を担う経営層、実際に供給活動を担う生産部門、そしてこれらの活動を金額ベースで評価する財務部門の合意に基づいて決定されます。プロダクション・プランは最終的に数量ベースで起案され、後続のプロセスであるマスター・スケジューリングに引き継がれます（**図4.3**）。

　S&OPの目的は、経営層の意図する事業計画に寄与する供給計画を起案し、

かつその有効性を保証することにあります。これを実現するためには、ともすれば対立しがちな販売部門（需要サイド）と生産部門（供給サイド）の利害や、事業計画の意図と現場の実行環境の離齬を克服する工夫が求められます。そのため、S&OPの活動は大別して3種類の意思決定とこれらが相互に関連する意思決定のプロセスから構成され、月次のサイクルで継続的にその内容を見直す機会が設けられます。

・意思決定1：需要に関する意思決定
・意思決定2：供給能力に関する意思決定
・意思決定3：事業計画に関する意思決定

　これらの意思決定を経て起案されたプロダクション・プランは、その企業の商品群に関する中期的な需要傾向についての統一された認識が反映されているとともに、これに対する中期的な供給方針が反映されている点に特徴があります。中期的な需要傾向は、対象の商品群がおかれている商品ライフサイクルの段階についての認識を示したものということもできます。このような需要に関する解釈を経て検討される供給方針は、大別して3種類に整理することができます（**図4.4**）。

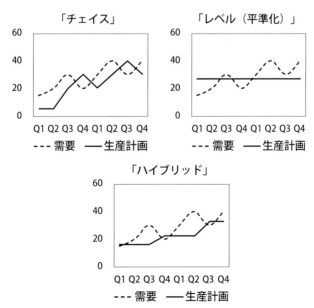

図4.4　S&OPにおいて検討される供給方針の例

1つめの供給方針は、需要の変化に追随するという考え方に基づいたものです。この方式は「チェイス」とも呼ばれます。2つめの供給方針は、需要の変化に関わらず一定数量を供給するという考え方に基づいたものです。この方式は「レベル」または「平準化生産」とも呼ばれます。3つめの供給方針は、レベル方針を維持する期間を長期ではなく短期とし、需要変化に応じてレベル方針のもとでの生産数量を上下する方針をもって需要変化に追随するという考え方に基づいたものです。この方式はチェイスとレベルの特徴を組み合わせた方式であることから「ハイブリッド」とも呼ばれます。

S&OPにおける意思決定の流れ

　S&OPを構成する3つの意思決定には複数の部署や人々が関与することから、情報共有の促進と認識の齟齬を回避する観点より共通のフォーマットが用いられます。本書ではこの書式を「需給試算表」と呼びます。3つの意思決定は段階的に行われ、それぞれの内容を反映する形でこの需給試算表が更新されていくことになります（図4.5）。

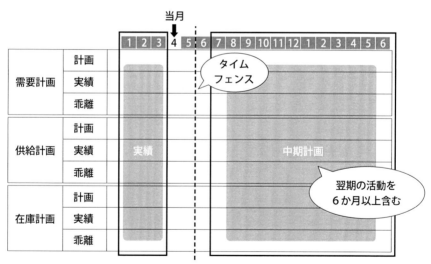

図4.5　「需給試算表」の構成例（MTSの場合）

意思決定１：需要に関する意思決定と１次需給試算表

　S&OPを構成する3つの意識決定プロセスのうち、需要に関する意思決定のプロセスでは販売部門やマーケティング部門といった需要サイドの部門がデマンドマネジメントを経て需要計画を起案し、希望する数量を基本として供給部門に提示します。このとき作成される試算表を１次需給試算表と呼びます。この試算表に含まれる主な情報は、以下のとおりです。

　　【定量的情報】
　　　・需要情報（直近の実績情報、確定需要情報、中期の需要予測）
　　　・供給計画（前月までに起案された供給計画）
　　　・在庫情報（上記の情報と期首在庫の実績値から計算される予測値）
　　【定性的情報】
　　　・販売部門やマーケティング部門が察知した需要の変化に関する兆候など。

意思決定２：供給に関する意思決定と２次需給試算表

　１次需給試算表を受け取った供給部門は、内容が既存の供給能力の範疇にあるかを確認し、試算表上の供給計画とこれに連動する在庫計画を更新します。このとき新たに加えられる情報は、原材料の調達や自社工場・協力会社の生産能力に関する変化の兆候などの定性情報です。その後試算表は再び需要サイドに共有されます。このとき作成される試算表を２次需給試算表と呼びます。

意思決定３：３次需給試算表と事業計画

　需要サイドと供給サイドとの間で試算表の内容が実行可能であることが合意された場合、この内容は経営会議の場に提出されます。このとき作成される試算表を３次需給試算表と呼びます。経営会議の場では主に試算表に記載された定性情報の事業計画に対する中長期的な影響が検討されます。試算表の内容について実行の妥当性が確認された場合、この試算表は正式なプロダクション・プランとして次のステップであるマスター・スケジューリングに引き継がれます。もしも２次需給試算表を起案する過程で供給能力が需要計画に対して大きすぎる、または小さすぎることが明らかになった場合は、供給能力の変更を検討する必要が生じます。この場合、３次需給試算表の内容は供給計画だけでなく、供給能力そのものの変更提案を含む内容になります。この変更計画を起案する活動は「リソースプランニング」と呼ばれます（S&OPの実践方法については4-4のコラムを参照）。

中期・製品群レベル：供給能力計画
リソースプランニング

リソース名	単位	キャパ	負荷計	A群	B群	C群	D群
共用装置X	h	500	340	100	70	50	120
共用倉庫Y	㎡	1,000	1,100	350	200	150	400
希少な共通原材料Z	t	100	90	50	10	20	10

能力不足

図4.6　製品群ごとのキーリソース使用状況

リソースプランニングとは

　リソースプランニングは、S&OPを通じて起案された中期供給計画の実行可能性を確保することを目的とした活動です。この活動は、MP&Cにおいて製品群レベルの供給能力（キャパシティ）についての計画を立案する役割を担います（図4.6）。その検討内容が経営資源の分配方法の変更をともなう場合は経営層に対する提案として検討されます[4]。経営資源の再分配をともなう提案の例として、既存工場への製造設備追加、高速製造設備への入れ替え、新工場の建設などが挙げられます。

　リソースプランニングは、S&OPの月次サイクルと連動する形で実施され、その内容は大別して次の3項目に整理することができます。

・製品群ごとのキーリソースの供給能力・入手性に関する情報の更新
・対象月における需要計画がキーリソースに与える負荷の程度の把握
・上記情報に基づく供給能力過不足の判断、および対応案の提案

キーリソースと3次需給試算表

　リソースプランニングの過程で供給能力が需要計画を下回ることが判明した場合の対応としては、供給計画の対象とする需要を減らす方法と供給能力を拡大する方法とが考えられます。前者の方法において優先すべき製品群の選択を行うためには需要サイドの意思を含む必要があることから、前出の3次需給試

算表起案の過程において検討されます。また、後者の方法においてはもともと想定されていたキーリソースの供給能力のフレキシビリティで対応することが可能な場合は特段の手続きを要しませんが、この想定から極端に乖離する場合についてはキーリソースの供給能力自体を見直すことが必要になります。この場合、供給能力の増強または縮小には経営資源の分配をともなうことから、意思決定に際して必ず経営層の参加をともなうことになります。この際の手続は、3次需給試算表に変更提案として含めて経営判断の場に諮り、その結果をもって実施可否を決定することになります。また、いずれの方式においても変更内容が企業の事業目的に資するものであるか否かという点が判断の基準になります（**図4.7**）。

		3月	4月	5月	6月	7月
需要計画	個	—	400	500	400	900
供給計画	個	500	600	600	600	600
在庫計画	個	900	1,100	1,200	1,400	1,100
生産変更	個	—	＋100	—	—	—
人員計画	人	10	11	11	11	11
人員計画	人	—	＋1	—	—	—
変更費用@400千円	円	—	4,000	—	—	—
賃金@600千円	円	60,000	66,000	66,000	66,000	66,000
在庫コスト@4千円	円	3,600	4,400	4,800	5,600	4,400

一時的なコスト増

継続的なコスト増

**図4.7　リソースプランニングにおいて検討すべき
生産量の変更による影響の例**

　なお、キーリソースの特徴をあらかじめ定量的に整理した資料を「資源表（Bill of Resources；BoR）」と呼びます。BoRは供給能力に関する情報を製品群単位で紐づけたものであり、次のような検討を経て起案されます。

　・各製品群の供給能力をもっとも左右する要素は何か

　・各製品群のキーリソースの測定に適した単位は何か

　リソースプランニングを経て起案された3次需給試算表は、経営会議において承認された後、正式なプロダクション・プランとして以降のMP&Cにおいて参照されます。そのため、S&OPおよびリソースプランニングにおいて決定された製品群レベルの数量情報は、製品レベルおよびその構成部材レベルの供給計画と数量面において一致することが求められます。このことから、これらの情報は供給サイド、需要サイド、および経営層の齟齬のない認識に基づく一種のコミットメントとして機能します。

4-4
短期・製品レベル：優先順位計画
マスター・スケジューリング

マスター・スケジューリングとは

　4-2「S&OP」で説明したS&OPで製品群別、月別の粒度で作られたプロダクション・プランを製品別、週または日別に分解することをマスター・スケジューリングと呼び、分解してできた計画を基準生産計画と呼びます。マスター・スケジューリングでは、製品別需要予測量やボトルネックとなる生産能力制約を考慮して、プロダクション・プランを細かく分解し、実行可能性の高い計画を作ります（**図4.8**）。

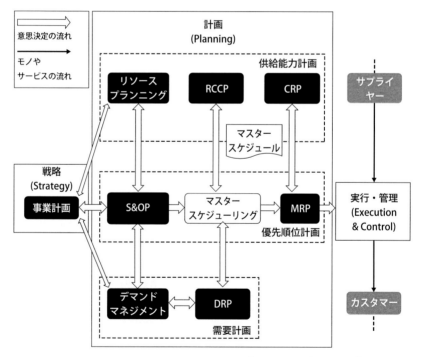

図4.8　MP&Cでのマスター・スケジューリングの位置づけ

マスター・スケジュール

製品単位の需要・在庫・生産の計画が示されているのがマスター・スケジュール（基準計画）です。これは表形式で、製品ごとに需要量、在庫量、生産量が期別に示されています。このマスター・スケジュールを見れば、需要量の推移、在庫量の推移、どの製品がいつどれだけ生産される予定になっているかがわかります。マスター・スケジュールは、製造業での製品単位の販売・生産バランスの見通しを知るための、もっとも基本的な表です。

表4.1の中の「生産」と書かれた行に基準生産計画が示されています。同じ表で「有効在庫」と書かれた行に示されているのが、将来の週別の在庫残です。2週の有効在庫10個は、1週の有効在庫（12個）＋2週の生産（10個）−2週の需要（12個）と計算されます。期初在庫とは、現状の有効在庫のことです。

（単位：個）

		1週	2週	3週	4週	合計
需要		8	12	10	5	35
有効在庫	期初在庫　10	12	10	10	10	
生産		10	10	10	5	35

表4.1　マスター・スケジュール（基準計画）

---

column ● S&OPにおける経営層の関与

本章で触れたS&OPにおける3つの意思決定を実践する方法については、様々なアプローチが提唱されています。それらのうち、よく知られたものとしてトム・ウォレスとボブ・ストールがその著書[5]で紹介した「5ステップモデル（エグゼクティブS&OP）」が挙げられます。このモデルはS&OPの活動を情報収集、需要計画の立案、供給計画の立案、需給調整会議、経営会議の5ステップに整理し、特に5番目の経営層による意思決定の重要性を強調する点に特徴があります。このモデルはAPICSの知識体系においても踏襲されており、本書のS&OPに関する立場と通底するものといえます。

4-5 短期・製品レベル：優先順位計画
マスター・スケジューリングの手順

マスター・スケジューリングは4つのステップで行われます。簡単な例で示します。製品群XとYを生産しているメーカーがあると仮定します。

ステップ1では、製品群単位のプロダクション・プランを製品単位に分解します。たとえば、アパレル製品であれば色・サイズ別に分解されます。プロダクション・プランでM月に80個生産される計画のある製品群Xを、製品AとBに分解します（**図4.9**）。以降では製品Aに着目して説明します。

プロダクション・プラン

（単位：個）

製品群	M月	M＋1月
X	80	90
Y	200	200

製品群	製品	M月	M＋1月
X	**製品A**	**35**	**40**
	製品B	45	50
Y	製品C	120	110
	製品D	80	90

図4.9　マスター・スケジューリング　ステップ1

ステップ2では、製品AのM月の計画35個を週で分解します。期初在庫が10個で、需要による在庫減、生産による在庫増をふまえた有効在庫を各週で算出します。週別の有効在庫がマイナスにならないよう、計35個を1週に10個、2週に10個、3週に5個、4週に10個と割り当てます（**表4.2**）。

（単位：個）

		M月				合計
		1週	2週	3週	4週	
需要		8	12	10	5	35
有効在庫	期初在庫　10	12	10	5	10	
生産		**10**	**10**	**5**	**10**	**35**

表4.2　マスター・スケジューリング　ステップ2

　ステップ3では、ボトルネック工程で生産数量＜生産能力（つまり、作れる）
となっているかどうかを確かめます。これをラフカットキャパシティプランニ
ングと呼びます。もし、生産数量が生産能力を上回ることが見込まれる場合
は、能力不足を解決することが検討されます。これは次節で説明します。

　ステップ4では、マスター・スケジュールを確定します。仮案では製品Aを
3週に5個、4週に10個生産する計画でしたが、ラフカットキャパシティプラ
ンニングの結果、計画の一部が変更されます（**図4.10**）。製品Aは3週に10
個、4週に5個が生産されることになります。M月の生産数量は35個で変化は
ありません。

製品Aのマスター・スケジュール仮案

（単位：個）

		M月				合計
		1週	2週	3週	4週	
需要		8	12	10	5	35
有効在庫	期初在庫　10	12	10	5	10	
生産		10	10	**5**	**10**	35

製品Aのマスター・スケジュール確定

（単位：個）

		1週	2週	3週	4週	合計
需要		8	12	10	5	35
有効在庫	期初在庫　10	12	10	10	10	
生産		10	10	**10**	**5**	35

図4.10　マスター・スケジューリング　ステップ4

4-6 短期・製品レベル：優先順位計画 基準生産計画

基準生産計画をどのレベルで立てるか？

前出の製品Aは基準生産計画を最終製品レベルで立てる想定でした。基準生産計画は、最終製品レベル以外で立てることもあります。一般的には、基準生産計画は、原材料〜仕掛品（あるいは構成部品）〜最終製品のうち、もっとも選択肢が少ないところで立てられます[6]。それは選択肢が少ないほど、1つの選択肢の需要量が多くなり、その予測不確実性が小さくなるからです。

基準生産計画を立てるレベルが生産形態で決まることを図を用いて説明します（**図4.11**）。下に台形1つあるいは2つの台形から成る図があります。上辺の長さは最終製品の品目数を、下辺の長さは原材料の品目数を示しています。

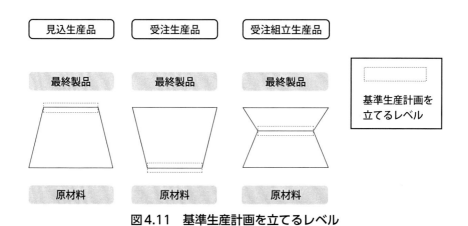

図4.11　基準生産計画を立てるレベル

①見込生産品（MTS）

家庭で購入される家電製品、加工食品、洗剤などの日用雑貨といった消費財は見込生産品の代表例です。基準生産計画は最終製品レベルで立てます。

②受注生産品（MTO）

顧客の仕様に応じて製造するためアイテム数は多くなりますが、使用される構成部品・原材料のバラエティは相対的に小さくなります。基準生産計画は原材料レベルで立てます。

③受注組立生産品（ATO）

読者のうち多くの方は、勤務先でオフィスチェアを使っていると思います。オフィスチェアは受注組立生産品の代表例です。背もたれのタイプ、ひじ掛けの有無、色、素材の組み合わせがあり、最終製品のアイテム数は膨大になります。このような特徴を持つ最終製品の場合、中間にある構成部品単位で基準生産計画を作ります。

基準生産計画をどのくらいのスパンで立てるか？

基準生産計画のスパンは製品によってまちまちです。原材料の在庫がゼロである場合は、少なくとも原材料を調達してから最終製品ができるまでに要するリードタイムをカバーできないと、実行可能な計画を立てることが困難ですし、顧客に対して納期を約束することができません。

最終製品を作るために、どこから原材料を調達するか、どのように製造するかによってトータルのリードタイムが異なりますので、似たような製品を製造する企業同士でも基準生産計画のスパンは異なります。

タイムフェンス

タイムフェンスとは、製造完了日までに残された期間が一定期間より短くなったら、基準生産計画の変更を認めないというルールです。

基準生産計画を変更すると、多くの場合、生産性が低下します。たとえば、加工手順を変える回数が増えたり、段取り替えが増えたりします。また、使う予定であった原材料や構成部品が余ったり、従業員のアイドル時間が増えたりします。したがって、製造現場での混乱や追加コストの発生を抑制するため、タイムフェンスを設けることが一般的です。

タイムフェンスは、基本的に基準生産計画の変更が認められない「確定期間」、状況に応じて基準生産計画の変更が認められる「半確定期間」、上位計画での制約条件を満たす範囲内で基準生産計画のいかなる変更も認められる「流動期間」の3つに分けられることが多いです。

短期・製品レベル：供給能力計画
ラフカットキャパシティプランニング（RCCP）

ラフカットキャパシティプランニングとは

　製品単位のマスター・スケジュールの仮案を全製品分で集計し、主要な生産工程で生産能力不足が起きる場合にマスター・スケジュールの仮案を修正し、生産能力不足を解決しようとする活動をラフカットキャパシティプランニング（RCCP）と呼びます（**図4.12**）。これにより、生産能力制約が考慮されたマスター・スケジュールが作られます。

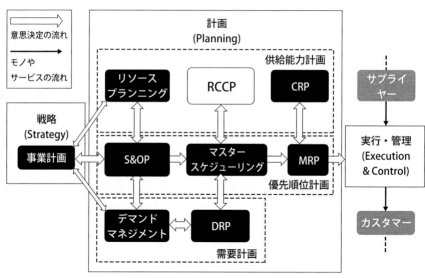

図4.12　MP&CでのRCCPの位置づけ

ラフカットキャパシティプランニングの手順

　生産能力は、一般的に単位時間でどれだけ生産できるかで測られます。ボトルネック工程で生産能力不足が起きないようにするために、全製品分のマスター・スケジュールを工程別に集計した生産数量（単位：個）を変換して資源所要量（単位：時間）が求められます [7]。具体的には、「製品をその数だけ作るために、どれだけの時間がかかるか」が算出されます。その方法はいくつか

ありますが、もっともシンプルなのは「この製品1個を作るのにどれだけの時間がかかるか」を示した資源表（Bill of Resources）を用いて、生産数量（単位：個）を資源所要量（単位：時間）に変換する方法です。なお、ここで用いる資源表は製品単位のものです。先の4-3「リソースプランニング」で用いる資源表は製品群単位のものです。

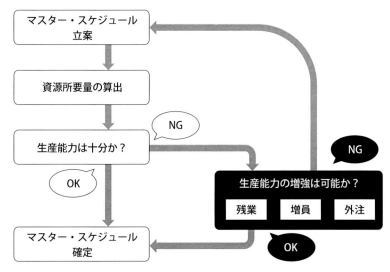

図4.13　ラフカットキャパシティプランニングの手順

　生産のボトルネック工程での資源所要量と生産能力を比べた結果、ボトルネック工程での資源所要量が生産能力を超過することが見込まれたとします。ただ、いきなり生産数量を減らすことが決まるわけではありません。生産能力を増やすための選択肢（残業できるか、人員を増加できるか、外注に回せるかなど）が検討され、生産能力を増やせるかどうかが調べられます（**図4.13**）。

　生産能力を増やす場合には、追加発生費用の大きさと納期を遵守できなかった場合の損失のバランスが考慮され、生産能力をどの程度増やすかが決まり、基準生産計画が確定されます。

　他方、生産能力を増やせない場合は、基準生産計画を見直します。具体的には、特定の製品の生産数量を減らしたり、生産時期を先送りしたりします。この場合には、顧客に約束した納期を順守できなくなる可能性が高まるため、慎重な判断が必要です。

第4章 計画：サプライプランニング

短期・製品レベル：供給能力計画
ボトルネック工程での資源所要量の算出例

ボトルネック工程での資源所要量をどう計算するかを簡単な例で示します。製品A（大型）と製品B（小型）を生産しているメーカーがあると仮定します。

まず図4.14の①資源表を見てください。ボトルネック工程が組立工程だと仮定します。製品Aを1個組み立てるのに2時間、製品Bを1個組み立てるのに1時間かかるとします。これらの数値は資源表の中に示されています。

次に同図の②基準計画を見てください。ボトルネックの組立工程を通る製品のマスター・スケジュール仮案にある生産数量を集めます。週別の製品A、Bの生産数量が基準計画の表の中に示されます。

最後に同図の③資源所要量を見てください。資源表と基準計画を掛け合わせ、週別の組立必要時間、すなわち資源所要量が求められます。資源所要量は1週は25時間、2週は30時間、3週は20時間、4週は40時間となります。

①資源表

（単位：時間／個）

製品	組立時間
製品A（大型）	2
製品B（小型）	1

②基準計画

（単位：個）

製品	1週	2週	3週	4週
製品A（大型）	10	10	5	10
製品B（小型）	5	10	10	20

③資源所要量

（単位：時間）

製品	1週	2週	3週	4週
製品A（大型）	20	20	10	20
製品B（小型）	5	10	10	20
合計	25	30	20	40

図4.14　資源所要量の算出手順

仮に1週あたりの組立工程の生産能力が30時間であるとすると、4週は資源所要量が40時間であり、生産能力を上回ります。「4週の生産能力を増強する」あるいは「4週に生産する製品A10個のうち、5個を3週に前倒しして生産する」といった代替案が検討されます。

🔑keyword

計画オーダー（planned order）

期（週あるいは月）ごとにMRPを実行するたびに、計画オーダーが再計算されます。MRPグリッド（4-9「MRP」）では「計画オーダー発令」「計画オーダー受入」の2行に計画オーダーという言葉が登場しています。

計画オーダー発令とは、この期にこの部材をサプライヤーに注文するという計画を指します。計画オーダー受入とは、その注文に基づいて部材が自社に納品されるという計画を指します。いずれも計画であり確定したものではありません。

発令済オーダー（released order, open order）

将来の期日に実行することがすでに決定されたが、その段階でまだ実行に至っていない状態のオーダーを発令済オーダーと呼びます。

オーダーが完了した状態を「クローズ」と呼びますが、オーダーが未完了である状態をクローズの逆で「オープン」と呼びます。発令済オーダーは製造、購買で使われます。購買の場合、サプライヤーに対して購買オーダーが届くことを意味します。

購買オーダーについては、発令によって、MRPグリッド上の計画オーダー受入に書かれた数字が、受入確定量に移されることになります。将来の、とある期日に部材が自社に入荷する予定が確定する、という意味です。

確定計画オーダー（firm planned order）

MRP計算を行うたびに計画オーダーが再計算されることを避け、計画オーダーを確定したものを「確定計画オーダー」と呼びます。これは発令前の段階にあたります。確定計画オーダーを導入することによって、MRPシステムの過剰反応（nervousness）を抑制することができます。

4-9 短期・構成部品レベル：優先順位計画 MRP

MRPとは

前節のマスター・スケジューリング活動の結果として作成される基準生産計画をインプットとして行われる業務がMRP（Material Requirements Planning）です（図4.15）。

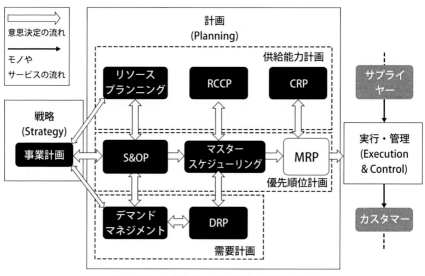

図4.15　MP&CでのMRPの位置づけ

　MRPとは、基準生産計画を実行するために、いつどの工程でどんな資材をどれだけ消費するか、手持ち在庫を差し引くとどんな資材がいつどれだけ必要か、そしてサプライヤーにいつ発注すればよいかを決める業務プロセスのことを指します。ここで決定される需要情報は「従属需要」とも呼ばれます。

加えて、資材の消費・入荷状況、製造設備の稼働状況、顧客からの要請に応じて「計画を実行可能な状態で維持すること」もMRPに含まれます。

MRPが実行可能なものとするためには、製造能力が足りていることを確認する必要があります。そのための業務をCRP（Capacity Requirements Planning）と呼びます。CRPは次節で説明します。

マテリアル・リクワイアメント・プランとは

MRP処理の結果として出てくるアウトプットがマテリアル・リクワイアメント・プランです。マテリアル・リクワイアメント・プランは、部品別・期別に総所要量、発注残（受入確定量）有効在庫、正味所要量、計画オーダー受入、計画オーダー発令が表形式で示されたものです。「MRPグリッド」とも呼ばれます（**表4.3**）。

表4.3　マテリアル・リクワイアメント・プラン

製品・部品	リードタイム	ロットサイズ			1週	2週	3週	4週	5週
製品A	1週	20	総所要量 発注残 有効在庫 正味所要量 計画オーダー受入 計画オーダー発令	20	20	20	20	20	50 10 30 40
								40	
部品B	2週	20	総所要量 発注残 有効在庫 正味所要量 計画オーダー受入 計画オーダー発令	10	10	10	10	10 30 40	10
						40			
部品C	1週	20	総所要量 発注残 有効在庫 正味所要量 計画オーダー受入 計画オーダー発令	0	0	0	0	40 0 40 40	0
							40		
部品D	1週	30	総所要量 発注残 有効在庫 正味所要量 計画オーダー受入 計画オーダー発令	10	10	40 0 30 30	0	0	0
					30				
部品E	1週	30	総所要量 発注残 有効在庫 正味所要量 計画オーダー受入 計画オーダー発令	20	20	10 20 30	10	10	10
					30				

89

MRPに必要なインプット

MRPには3つのインプットがあります。それは、マスター・スケジュール（4-4参照）、部品表、在庫です。以降で部品表と在庫を説明します。

部品表とは、製品1単位を作るために必要な資材・部品の必要数・量を示したものです。すべての構成部品を並列に示した「シングルレベル部品表」と、親部品とそれを構成する子部品の関係を示した「マルチレベル部品表」があります。ある製品を製造するために、いつどの工程で何をどれだけ作るかを決めるMRPでは、「マルチレベル部品表」に各工程のリードタイムが付与された「リードタイム付き部品表」が使われます。

身近な製品を例にとって具体的に部品表をイメージしてみましょう。図4.16は詩人・谷川俊太郎の短編『いっぽんの鉛筆のむこうに』という、カリフォルニアの山林から日本の文具店に至る鉛筆のサプライチェーンを題材とした物語を参考に整理した、鉛筆のシングルレベルとマルチレベルの部品表です。両者を見比べた場合、マルチレベル部品表は鉛筆を作るために必要な部品の種類だけでなく、これらが使われる順番を併せて見て取ることができる点に特徴があります（鉛筆の製造工程についてはコラム「鉛筆の製造工程」参照）。

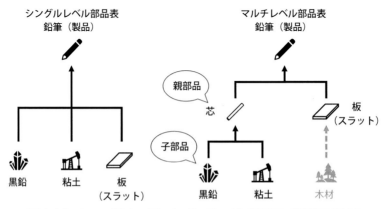

図4.16　シングルレベル／マルチレベル部品表（鉛筆の場合）

「製品製造に必要な資材の量＝新たに調達が必要な資材の量」が常に成り立つわけではありません。継続生産品の場合、資材が工場に保管されている場合が多いため、「手持ち在庫および発注済みで入荷予定がある在庫」を考慮したうえで資材所要量が決められます。

MRPの手順

製品を製造するために必要な原材料・部品を「いつ」「どれだけ」発注すればよいかを明らかにするために、MRPは以下の手順で行われます[8]。

①所要量展開

計画対象期間の計画バケット別（多くは月あるいは週）の製品所要量に、製品1個あたりの部品使用量を掛けて、部品ごとの所要量を算出します。

②正味所要量の算出

手元に利用可能在庫があれば、それを製品製造に充当することができます。計画バケット別に、総所要量から利用可能在庫を差し引いて正味所要量、すなわち製造あるいは調達が必要な部品の量を求めます。部品ごとにロットサイズが考慮された上で製造量あるいは調達量が決まり、その数量がMRPグリッドの計画オーダー受入行に記入されます。

③日程割り付け

②の計画オーダー受入量が記入された計画バケットから、工程別リードタイムを遡った計画バケットで、当該部品のオーダーを発令する必要があります。②の計画オーダー受入と同じ数量が、MRPグリッドの計画オーダー発令行に記入されます。この数量が下位部品の総所要量となります。

なお、②③は、最終製品から部品、部品から原材料に遡る形で、最も下位にある部品・原材料の計画オーダー発令が決まるまで繰り返されます。

MRP計算の前提条件

架空の製品Aを取り上げてMRPの計算例を示します。計画バケットは週です。

図4.17に示すように、製品Aを1単位作るには、部品Bと部品Cがそれぞれ1単位必要であり、部品Bを1単位作るには部品Dと部品Eがそれぞれ1単位必要であるとします。

製品Aの組み立てリードタイムは1週間、部品Bの製造リードタイムは2週間、部品C、D、Eの調達リードタイムは1週間と仮定します。

製品Aの組み立てロットサイズは20、部品Bの製造ロットサイズは20、部品C、D、Eの調達ロットサイズはそれぞれ20、30、30と仮定します。

ある時点で製品Aの在庫は20、部品B、C、D、Eの在庫はそれぞれ10、0、10、20と仮定します。

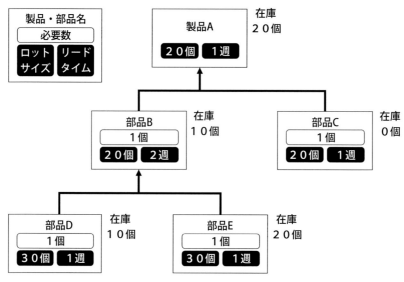

図4.17　リードタイム付き部品表（マルチレベル）

ステップ0（MRP計算の開始前）

　図4.18は製品Aとその構成部品B～EのMRPグリッドです。MRP計算の開始前のステップ0では、製品とその構成部品の有効在庫だけが書かれています。将来（1～5週）の在庫増減の計画がないため、有効在庫の行にはどの週にも同じ数字が入っています。製品Aの総所要量はゼロです（①）。次のステップで製品Aの需要が発生したとして、部品Bがいつどれだけ製造されるか、部品C、D、Eがいつどれだけ調達されるかを見てみましょう。

製品・部品	リードタイム	ロットサイズ			1週	2週	3週	4週	5週
製品A	1週	20	総所要量　　　　　①→ 発注残 有効在庫 正味所要量 計画オーダー受入 計画オーダー発令	20	20	20	20	20	10
部品B	2週	20	総所要量 発注残 有効在庫 正味所要量 計画オーダー受入 計画オーダー発令	10	10	10	10	10	10
部品C	1週	20	総所要量 発注残 有効在庫 正味所要量 計画オーダー受入 計画オーダー発令	0	0	0	0	0	0
部品D	1週	30	総所要量 発注残 有効在庫 正味所要量 計画オーダー受入 計画オーダー発令	10	10	10	10	10	10
部品E	1週	30	総所要量 発注残 有効在庫 正味所要量 計画オーダー受入 計画オーダー発令	20	20	10	10	10	10

図4.18　製品AのMRP計算例（ステップ0）

4-12 短期・構成部品レベル：優先順位計画 MRP計算の具体例②（親品目の正味所要量計算）

ステップ1

図4.19が示すとおり、5週に製品Aの注文を受け、製品Aの総所要量が50単位だけ発生したと仮定します（①）。4週末に製品Aの有効在庫は20単位（②）であるので、5週の製品Aの正味所要量が30単位（＝50単位－20単位；③）となります。

製品・部品	リードタイム	ロットサイズ			1週	2週	3週	4週	5週
製品A	1週	20	総所要量					①	50
			発注残						
			有効在庫	20	20	20	20	20 ②	-30
			正味所要量					③	30
			計画オーダー受入						
			計画オーダー発令						
部品B	2週	20	総所要量						
			発注残						
			有効在庫	10	10	10	10	10	10
			正味所要量						
			計画オーダー受入						
			計画オーダー発令						
部品C	1週	20	総所要量						
			発注残						
			有効在庫	0	0	0	0	0	0
			正味所要量						
			計画オーダー受入						
			計画オーダー発令						
部品D	1週	30	総所要量						
			発注残						
			有効在庫	10	10	10	10	10	10
			正味所要量						
			計画オーダー受入						
			計画オーダー発令						
部品E	1週	30	総所要量						
			発注残						
			有効在庫	20	20	10	10	10	10
			正味所要量						
			計画オーダー受入						
			計画オーダー発令						

図4.19　製品AのMRP計算例（ステップ1）

ステップ2

図4.20が示すとおり、製品Aの組み立てロットサイズは20単位ですので、正味所要量30単位（①）を上回る、20単位の最小倍数である40単位が組み立てられることになります。5週の計画オーダー受入が40単位となります（②）。5週の計画オーダー受入40単位のうち、正味所要量30単位を上回る10単位が5週の有効在庫となります。組み立てリードタイムが1週間なので、5週の1週前である4週に計画オーダー発令として40単位が入ります（③）。製品Aを1単位作るのに部品B、Cが1単位ずつ必要ですので、4週の部品B、Cの総所要量に40単位が入ります（④）。

製品・部品	リードタイム	ロットサイズ			1週	2週	3週	4週	5週
製品A	1週	20	総所要量						50
			発注残						
			有効在庫	20	20	20	20	20	10
			正味所要量						30
			計画オーダー受入						40
			計画オーダー発令					40	
部品B	2週	20	総所要量					40	
			発注残						
			有効在庫	10	10	10	10	-30	
			正味所要量					30	
			計画オーダー受入						
			計画オーダー発令						
部品C	1週	20	総所要量					40	
			発注残						
			有効在庫	0	0	0	0	-40	
			正味所要量					40	
			計画オーダー受入						
			計画オーダー発令						
部品D	1週	30	総所要量						
			発注残						
			有効在庫	10	10	10	10	10	10
			正味所要量						
			計画オーダー受入						
			計画オーダー発令						
部品E	1週	30	総所要量						
			発注残						
			有効在庫	20	20	20	20	20	20
			正味所要量						
			計画オーダー受入						
			計画オーダー発令						

図4.20 製品AのMRP計算例（ステップ2）

ステップ3

図4.21が示すとおり、部品Bの3週末の有効在庫が10単位（①）であるため、部品Bの4週の正味所要量が30単位（＝40単位－10単位；②）となります。部品Bの製造ロットサイズは20単位ですので、正味所要量30単位を上回る、20単位の最小倍数である40単位が製造されることになります（③）。

部品Bを1単位作るのに部品D、Eが1単位ずつ必要ですので、2週の部品D、Eの総所要量に40単位が入ります（④）。

部品Cの3週末の有効在庫がゼロ（⑤）であるため、部品Cの4週の正味所要量が40単位（＝40単位－0単位；⑥）となります。部品Cの調達ロットサイズは20単位ですので、その2倍の40単位（⑦）が調達されます。

製品・部品	リードタイム	ロットサイズ			1週	2週	3週	4週	5週
製品A	1週	20	総所要量 発注残 有効在庫 正味所要量 計画オーダー受入 計画オーダー発令	20	20	20	20	20	50 10 30 40
								40	
部品B	2週	20	総所要量 発注残 有効在庫 正味所要量 計画オーダー受入 計画オーダー発令	10	10	10	①10	40 10 30 40	10
							40		③
部品C	1週	20	総所要量 発注残 有効在庫 正味所要量 計画オーダー受入 計画オーダー発令	0	0	0	⑤0	40 0 40 40	0
						④	40		⑦
部品D	1週	30	総所要量 発注残 有効在庫 正味所要量 計画オーダー受入 計画オーダー発令	10	10	40 -30 30			
					④				
部品E	1週	30	総所要量 発注残 有効在庫 正味所要量 計画オーダー受入 計画オーダー発令	20	20	40 -20 20			

図4.21　製品AのMRP計算例（ステップ3）

ステップ4

図4.22が示すとおり、部品Dの1週末の有効在庫が10単位（①）であるので、2週の正味所要量が30単位（＝40単位－10単位：②）となります。部品Dの調達ロットサイズは30単位ですので、30単位が調達されることになり、2週の計画オーダー受入が30単位となります（③）。調達リードタイムが1週間なので、2週の1週前である1週に計画オーダー発令として30単位が入ります（④）。

部品Eの1週末の有効在庫が20単位（⑤）であるので、2週の正味所要量が20単位（＝40単位－20単位：⑥）となります。部品Dの調達ロットサイズは30単位ですので、30単位が調達されることになり、2週の計画オーダー受入が30単位となります（⑦）。調達リードタイムが1週間なので、2週の1週前である1週に計画オーダー発令として30単位が入ります（⑧）。

製品・部品	リードタイム	ロットサイズ			1週	2週	3週	4週	5週
製品A	1週	20	総所要量 発注残 有効在庫 正味所要量 計画オーダー受入 計画オーダー発令	20	20	20	20	20 40	50 10 30 40
部品B	2週	20	総所要量 発注残 有効在庫 正味所要量 計画オーダー受入 計画オーダー発令	10	10	10	10	40 10 30 40	10
部品C	1週	20	総所要量 発注残 有効在庫 正味所要量 計画オーダー受入 計画オーダー発令	0	0	0	0 40	40 0 40 40	0
部品D	1週	30	総所要量 発注残 有効在庫 正味所要量 計画オーダー受入 計画オーダー発令④	10	① 10 ②→30 30	40 0 30 30 ③	0	0
部品E	1週	30	総所要量 発注残 有効在庫 正味所要量 計画オーダー受入 計画オーダー発令⑧	20	⑤ 20 ⑥→20 30	40 10 30 ⑦	10	10

図4.22　製品AのMRP計算例（ステップ4）

短期・構成部品レベル：優先順位計画
マテリアル・リクワイアメント・プランの管理

　計画どおりに物事が進まないのが常です。マテリアル・リクワイアメント・プランにおいても、立てた計画から発生した乖離に応じて、適切な対応が講じられる必要があります。

　一般的なERPソフトウェアでMRP計算を行った後、納入遅延や在庫不足によって、マスター・スケジュールに示されたとおりに製造を実行できないことが見込まれる場合に、各種のアラートが出力されます（**図4.23**）。これを、アクションメッセージと呼びます。

　その結果、自工場での残業、サプライヤーへの納期変更依頼（よくあるのは前倒し）、顧客への納期変更依頼（よくあるのは納期後ろ倒し、分納）などが行われます。MRPプランナーの重要な仕事の1つは、MRPを再計算するたびに出力される各種アラートを、対応優先順位に従ってつぶしていくことです。

メッセージ名	内容
リスケジュール・イン	以下のオーダーの完了予定日が、親のオーダーの着手予定日以降になっています。親オーダー着手時に在庫が不足しますので、マニュアルで着手予定日を変更してください。 オーダー番号　　完了予定日　　親オーダー　　着手予定日 O-000012　　　2025/3/15　　O-000001　　2025/3/2
キャンセル	以下のオーダーは、親のオーダーがキャンセルされたため不要になりました。マニュアルでキャンセルしてください。 オーダー番号　　親オーダー O-000241　　　O-0000001

図4.23　アラートの例

column ● 鉛筆の製造工程

　図4.16では、谷川俊太郎の短編を手がかりとして鉛筆を構成する材料群を整理しました。しかし、これらの材料が工場に届いたからといって、すぐに製品が完成するわけではありません。実際にどのような過程を経て鉛筆ができるのか、その製造工程を見てみましょう。

　鉛筆のマルチレベル部品表（製品ツリー）を上から下に向かってたどると、芯と板（スラット）を材料として作られていることがわかります。鉛筆工場では、このスラット2枚の間に8本〜9本程度の芯を挟んで固定し、芯と同じ数の鉛筆に切削加工します。そして、普段我々が店頭で目にするあのえび茶色の塗装や商標の箔押しといった表面加工を行った後、梱包・出荷されます[9]。

　さらに製品ツリーを下に向かってたどると、芯は黒鉛と粘土で構成されていることがわかります。芯を製造する工場では黒鉛と粘土に水を加えて混練し、鉛筆の筆記性能の基礎となる加工を行います。なお、鉛筆の硬度はこのときの黒鉛と粘土の配合比率でコントロールされています。その後、この混合物を芯の形と長さに加工し、乾燥・焼成します。そして最後に、オイルに含浸させて書き心地の良い芯に仕上げます[10]。なお、これらの黒鉛や粘土についてはドイツをはじめとする様々な産出国から鉛筆に適したものが輸入され、用いられています[11]。

　もう一つの材料である板（スラット）は、インセンスシダーと呼ばれる北米原産のヒノキの一種を板状に加工したものが多く用いられていました[12]が、近年は様々な材料が用いられるようになりました。その中には、端材を組み合わせて作られた地球環境により配慮した再生材料なども含まれています（図4.24）。このように、鉛筆のような身近な製品についてもサプライチェーンを遡ると、天然資源へと至るグローバルな（地球規模の）エコシステムを通じて供給されていることがわかります。

図4.24　再生材料を用いて製造された製品の例（2021年2月筆者撮影）

4-15 短期・構成部品レベル：供給能力計画 CRP

CRPとは

CRP（Capacity Requirements Planning）とは、4-14のマテリアル・リクワイアメント・プラン（計画③、部品）を前提として、いつ、どの工程で、どれくらいの製造能力が必要かを計画する業務プロセスです（**図4.25**）。

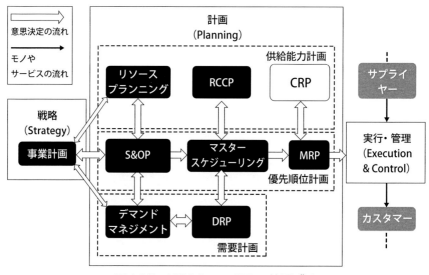

図4.25　MP&CでのCRPの位置づけ

CRPの結果、インプットであったマテリアル・リクワイアメント・プランが修正されることがあります。つまり、「MRPに対し、計画の実行可能性を考慮したフィードバックを与えるのがCRP」といえます。

CRPと似ているのが、4-7のラフカット・キャパシティ・プランニングですが、違いがあります。ラフカット・キャパシティ・プランニングは主要な工程に着目して製品単位で製造能力が足りているか否かを判断しますが、CRPは各工程で部品単位で製造能力が足りているか否かを判断します。つまり、CRPでは製造の実行可能性が詳細なレベルで確認されることになります。

CRPに必要なインプット

　CRPは製造能力に関する計画のうち、もっとも粒度の細かいものであり、多種のインプットデータを必要とします。そのため、最初にインプットデータの準備を行います[13]（**表4.4**）。

表4.4　CRPに必要なインプット

メッセージ名		具体的内容
大区分	小区分	
能力所要量の計算に必要なインプット（ステップ1）	①オープンオーダー	将来の期日に実行することがすでに発令されたが、その段階で実行に至っていない状態にあるオーダー。発令済オーダーとも呼ばれる。
	②計画オーダー	MRP計算で正味所要量に対してロジックに基づいて立案されるサプライヤーへの注文計画のこと。数量・発行日・納期が計画されている。MRP計算を行うたびに計画オーダーは再計算される。
	③加工手順ファイル	製品が出来上がるまでの作業の順序、各作業で経由するワークセンター、ワークセンターでの段取時間・1単位あたり作業時間、各作業での必要工具などが示された文書。
	④ワークセンターファイル	ワークセンターの製造能力（単位時間あたり製造数量）、当該ワークセンターでの加工待ち時間、他ワークセンターへの移動時間、他ワークセンターへの移動までの待ち時間が示された文書。
利用可能能力の設定に必要なインプット（ステップ2）	⑤稼働カレンダー	工場稼働予定日が示されたカレンダーのこと。
	⑥稼働率	稼働時間÷利用可能時間の値。ワークセンターごとに設定される。
	⑦効率	生産した仕事の標準時間÷稼働時間の値。ワークセンターごとに設定される。

CRPの計算フロー

　図4.26はCRPの計算フローを示した図です。表4.4に示したCRPに必要なインプット①〜⑦を図中に記載しています。

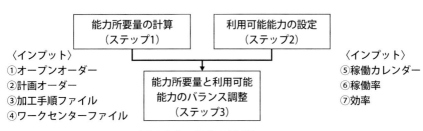

図4.26　CRPの計算フロー

短期・構成部品レベル：供給能力計画
CRP の計算例①

CRPは「能力所要量の計算」「利用可能能力の設定」「能力所要量と利用可能能力のバランス調整」の3つのステップで行われます。以降に説明します。

ステップ1　能力所要量の計算

まず、ワークセンターごとに、各オーダー（オープンオーダーと計画オーダー）を処理するために必要となる製造能力を求めます。単位は時間です。たとえば、生産個数×標準時間＋段取時間で製造能力が算出されます。**表4.5**は、あるワークセンターで、とある1つの計画バケット（1週）を対象とした場合に、オーダー種別に数量、標準時間、段取時間および必要となる製造能力を示したものです。計算の結果、このワークセンターで1週に必要な製造能力が30時間＋15時間＝45時間であることがわかります。

表4.5　必要な製造能力（対象は1週）

		数量 （個） a	標準時間 （時間/個） b	段取時間 （時間） c	必要な製造能力 （時間） a×b＋c
オーダー	発令済オーダー　①	100	0.25	5	30
	計画オーダー　②	40	0.25	5	15

次に、ワークセンターごとに、個々のオーダーを処理するために必要な製造能力を期別に合計します。その合計値が能力所要量（負荷量）と呼ばれます。**表4.6**は能力所要量（③）が、1週に45時間、2週に55時間、3週に40時間、4週に50時間であることを示すワークセンター負荷表です。

表4.6　ワークセンター負荷表

		1週	2週	3週	4週	合計
オーダー	発令済オーダー　①	30	30	20	15	95
	計画オーダー　②	15	25	20	35	95
能力所要量	③＝①＋②	45	55	40	50	190

ステップ2　利用可能能力の設定

　ステップ1で需要サイドの検討を行いましたので、今度は供給サイドの検討を行います。

　利用可能能力は、何を製造するか（製品仕様、製品種）、どれくらいの資源（製造設備、労働力）が投入されるかによって、左右されます。

　製造品目数が多くなると段取り替え時間が増えます。段取り替え時間が増えると稼働率が低下し、利用可能能力が減少します。人が作業するか製造設備を使うかによって単位時間あたりの生産数量が異なります。また、同じ人であっても、経験の多寡で単位時間あたりの生産数量が異なります。

　利用可能能力を算出する方法は2つあります。測定法と見積法です。測定法とは、過去の単位時間あたりの製造実績の平均値を利用可能能力とする方法です。もう1つの見積法とは、利用可能時間、稼働率、効率の3つを掛け合わせて算出する方法です。「利用能力を高める」とは、**図4.27**で外側にある長方形に対して、色がついた長方形の面積を大きくする、すなわち稼働時間をできるだけ長く、効率をできるだけ高くすることを指します。

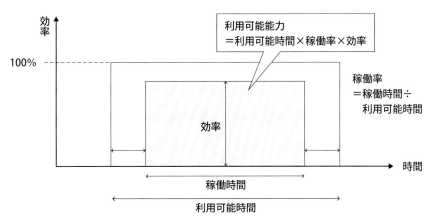

図4.27　見積法による利用可能能力の算出イメージ

ステップ3 　能力所要量と利用可能能力のバランス調整

　表4.7に示すとおり、能力所要量（③）と利用可能能力（④）をワークセンター別・期別に比べ、過不足（⑤）がわかります。能力所要量と利用可能能力のバランスが取れない場合に、調整が必要となります。調整するのは、能力所要量を増減するか、利用可能能力を増減するかの2つです。

　能力所要量を増減するということは、製造スケジュールを変更する、すなわちマスター・スケジュールを変更することを意味します。これは影響が広範囲におよぶおそれがあります。

　他方、利用可能能力を増減する方法として、時間短縮や残業、稼働日の増減、シフト数の増減があります。

　能力所要量と利用可能能力のアンバランスに対してどう対処するかは、アンバランスの規模がどれくらい大きいのか、アンバランスが起きるのが一時的にとどまるのか否かによって異なります。

　表4.7は架空のワークセンター負荷表を示しています。2週に製造能力が5時間不足することが見込まれます（⑤行の2週を参照）。ただし、4週合計で見ると、利用可能能力は能力所要量を10時間上回っています。この場合、たとえば、当該ワークセンターの製造能力を2週に消費するオーダーを、前（1週）か後（3週）にずらすことで能力不足を解消できそうなことがわかります。

表4.7　ワークセンター負荷表

（単位：時間）

			1週	2週	3週	4週	合計
オーダー	発令済オーダー	①	30	30	20	15	95
	計画オーダー	②	15	25	20	35	95
能力所要量		③＝①＋②	45	55	40	50	190
利用可能能力		④	50	50	50	50	200
過不足		⑤＝④－③	5	-5	10	0	10

🔑 keyword

ワークセンター（work center）

似通った技能、機能、能力を持つ、1つ以上の作業員や機械装置で構成される製造区域を指します。能力所要量計画で使われます。

能力所要量（capacity requirements）

要求された作業量（たとえば、10個の部品Aを研磨する）をこなすために、ワークセンターが持つ生産能力をどれだけ必要とするかを示したものです。時間で示されることが多いです。

利用可能能力（capacity available）

特定の期間内に製造設備が産出できる数量を指します。単位時間あたり数量で示されることが多いです。

稼働率（utilization）

「稼働時間÷利用可能時間」で算出されます。実際に製造に使われた時間が、製造設備を利用できる時間のどれくらいの割合を占めているかを数値で示したものです。大きいほど望ましいことを意味します。最大は100％です。

効率（efficiency）

「実際の生産高÷ある期間に期待された標準の生産高」あるいは「生産した仕事の標準時間÷実稼働時間」で算出されます。実際の作業速度が標準より速い場合には、効率は100％より大きい値を示します。

column ● MRPの社会実装① APICS／ASCMを通じたコンセプトの標準化

　MP&Cを構成する要素のうち最も長い歴史を持つものの一つであるMRPは、IBMのエンジニアであるジョセフ＝オリッキーの著書*Material Requirements Planning*（1975）によって世に知られるようになったといわれています。しかし、このコンセプトが今日において数多の事業会社に採用され、爆発的ともいえる普及状況に至った背景には二つの重要な出来事があります。一つは、このコンセプトがビジネスの世界において多くの企業に採用され、普及の過程で一種のデファクト標準となったことです。そして、もう一つはコンピューティング技術の急速な進化を追い風として、このコンセプトの実用性を担保し得る性能を持ったソフトウェアが次々と生み出されたことです。

　MRPのコンセプトの普及・社会実装については、1957年に米国で設立された、製造業に携わる実務家を中心とした組織であるAPICS＝American Production and Inventory Control Societyが極めて重要な役割を担いました。MRPの祖ともいえるオリッキーは、前出の著書に先駆けて出版した*The Successful Computer System*（1969）においてMRPのコンセプトに触れています。その冒頭では1966年のAPICS年次カンファレンスにおけるディスカッションが同書執筆の直接的な動機となっていることが強調されています。このことからもAPICSがコンセプトの普及促進の場となっていた様子を窺うことができます。

　APICSは著者らが所属するASCM＝Association for Supply Chain Managementの前身であり、その年次カンファレンスは現在も全世界のSCM実務家が集い、互いの知見を交換する創発の場となっています。そこで集積された知見は体系的に整理されると同時に常時更新され、CPIM= Certified in Planning and Inventory Management、CSCP= Certified Supply Chain Professional、CLTD= Certified in Logistics, Transportation and Distributionといった資格試験と共に教育プログラムとして提供されています。

　前出のオリッキー自身も、1970年代におけるAPICS試験委員としての活動についてその著書で触れています。MRPのコンセプトもまたこれらのプロセスを通じて10万人を超える有資格者、およびこれに続く実務家の間に浸透し、SCMの知識体系を構成する重要な要素としてデファクト標準となっていったのです。

第5章

SCMの観点から
見た在庫

この章を読み終えると、以下の内容を理解することができます。

- 在庫管理とMP&Cの関係
- 主な在庫プランニング手法
  （在庫補充方式、安全在庫、経済的発注量、ABC在庫分析など）
- 主な在庫コントロール手法
  （在庫数量の測定方法、在庫金額の計算方法など）
- SCMにおける在庫の意義

5-1　在庫管理と MP&C の関係

SCMにおいて「在庫」とは、メーカーが、生産活動や販売活動など、企業内外の活動で生ずる需要を満たすために保有する「モノ」と位置付けることができます[1]。

SCMにおける「在庫管理」とは、メーカーが「欠品も過剰も起こらない」適切な在庫水準を見極め、その水準を維持する活動群と位置づけることができます。在庫管理は、在庫プランニング活動と在庫コントロール活動で構成されます[2]。

在庫プランニング活動とは、欠品も過剰も起こらない在庫水準を計画し、実現する方法を起案する活動群のことを指します。在庫コントロール活動とは、計画した在庫水準を安定的な状態に維持するために測定し、評価する活動群のことを指します。

図5.1ではSCM主要プロセスのうち在庫に関連する活動を例示して、それぞれ在庫プランニングに関連する活動か在庫コントロールのいずれに関連する

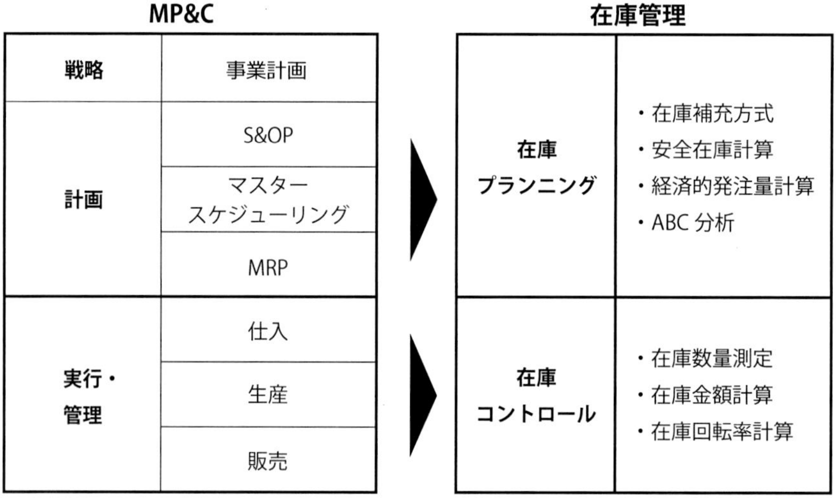

MP&C		在庫管理	
戦略	事業計画		
計画	S&OP	在庫プランニング	・在庫補充方式 ・安全在庫計算 ・経済的発注量計算 ・ABC分析
	マスタースケジューリング		
	MRP		
実行・管理	仕入	在庫コントロール	・在庫数量測定 ・在庫金額計算 ・在庫回転率計算
	生産		
	販売		

図5.1　MP&Cの諸活動と在庫管理の諸活動の比較

活動かを分類しています。SCMの主要プロセスは在庫管理に関する活動に関わっているといえます。

欠品も過剰も起こらない在庫水準を見極めるにあたっては、サプライチェーンを構成する個別の活動が、その目的を果たしているかを考慮する必要があります。仕入活動、製造活動、販売活動を例に取り、活動の目的と、目的を達成する手段と、在庫に与える影響をそれぞれ確認してみましょう（表5.1）。

表5.1　仕入、製造、販売活動の目的および手段と、在庫に与える影響[3]

活動	活動の目的	目的を達成する手段	影響
仕入	適切な数量・価格・品質・納期で調達する	サプライヤーから値引きを得るため、原材料をまとめて購入する。	在庫増加
製造	製造作業を効率的に実施する	前工程の進捗に依存せず生産するために、原材料、仕掛品の在庫を保有する。	在庫増加
販売	顧客サービスレベルを高く保つ	欠品を発生させないために、製品在庫を保有する。	在庫増加

在庫が増えれば、活動の目的を達成しやすくなります。仕入活動では、まとめて購入することで値引きを得やすくなるでしょう。製造活動では、前工程の進捗に依存せず、効率的に作業を進められるでしょう。販売活動では、欠品を気にせず活動できるため、顧客サービスレベルを高く保ちやすくなるでしょう。しかし、増えすぎた場合は、保管するための支出や、売れ残りの廃棄が生じるなど、財務状況が落ち込む傾向が見られます。

在庫が減れば、財務状況は上向く傾向があります。しかし減らし過ぎると活動に支障が出ます。仕入活動では、小ロットで購入しても値引きは得られにくいでしょう。製造活動では、前工程が遅れると製造作業に待ちが発生し、効率的に作業することが困難になるでしょう。販売活動では、納期の前倒し依頼や、急な受注への対応が困難になるでしょう。いずれも、在庫があれば不要な業務が生じます。これが続くと、結局、財務状況にも悪影響が出てしまいます。

よって、在庫プランニング、在庫コントロールを実施する目的は、サプライチェーンを構成する個別の活動がその目的を果たしながら、欠品も過剰も起こらない在庫水準を設定して維持すること、ということができます。次節からは主な在庫プランニング手法を説明します。

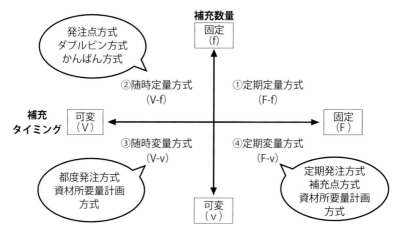

5-2 主な在庫プランニング手法
在庫補充方式

本節からは、主な在庫プランニング手法として、在庫補充方式、安全在庫、経済的発注量について説明します。

在庫補充方式の整理

在庫の補充方式には様々なものがあります。これらを補充するタイミングと補充する数量に注目して整理すると、それぞれが固定されているものとそうでないものとに大別することができます（**図5.2**）。本節では、これらの方式の特徴とSCMにおけるメリットとデメリットについて解説します。

補充数量

発注点方式
ダブルビン方式
かんばん方式

②随時定量方式
（V-f）

①定期定量方式
（F-f）

固定
（f）

補充タイミング

可変
（V）

固定
（F）

③随時変量方式
（V-v）

④定期変量方式
（F-v）

都度発注方式
資材所要量計画
方式

定期発注方式
補充点方式
資材所要量計画
方式

可変
（v）

図5.2　タイミングと数量の異同による在庫補充方式の整理

①　定期定量方式（F-f）

この方式は、毎週金曜日に必ず100個発注するなど、定期、定量を基本としたポリシーで実施されます。SCMの観点からはそのシンプルな運用がメリットといえますが、柔軟性に乏しいことが需要の変化への対応を困難にするため、在庫過剰や欠品を起こしやすい点がデメリットといえます。需要が安定している品目に適した方式といえます。

② **随時定量方式（V-f）**

この方式は、補充のタイミングを可変としつつ、補充量については常に一定とする点に特徴があります。需要の変化に応じて発注頻度を調節できるため定期定量方式(F-f)に比べ在庫が過剰になりにくい点がメリットといえます。デメリットは、急激な需要の増加や供給の減少により欠品が起きやすいことです。代表的なものに発注点方式、ダブルビン方式、かんばん方式があります。

【発注点方式】

在庫数量が所定の数量を下回ったタイミングで決まった数を発注する方式です（図5.3）。「所定の数量」を発注点と呼び、次の計算式で求めます。

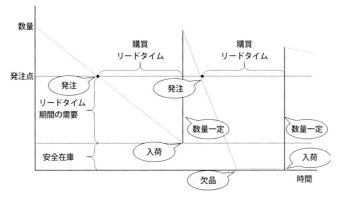

図5.3　発注点方式

$$発注点　＝（1日の在庫消費量　×　購買リードタイム）＋安全在庫量$$

リードタイム期間の需要

発注してから商品が届くまでの購買リードタイムに相当する期間に消費される在庫量は、1日の在庫消費量×調達日数によって計算します。その結果にリードタイム期間分の消費量の不確実性を吸収するため安全在庫数量を加え、発注点とします。安全在庫については5-3「安全在庫」で後述します。発注数は5-5「経済的発注量」で後述する経済的発注量を計算して設定するか、経験則によって設定します。リードタイム期間の需要が発注点に設定した数を超えると、欠品します。

【ダブルビン方式】

　商品を2つの入れ物に分けて片方だけを使用し、空になったタイミングで入れ物を満たす数量分の商品を発注する簡易的な発注方式です。

　「空になる」という状態が視覚的に捉えやすいため運用がシンプルですが、入れ物の大きさが使用数と合わない場合は過剰や欠品が発生します。余分に在庫を保持しても保管スペースに余裕があり、かつ金額の小さいボルト・ナット類などに適用されることがあります。

【かんばん方式】

　かんばんと呼ばれるカードを在庫に添付します。使い始める際にカードを取り外し、取り外されたタイミングで、かんばんに記載されている品目、数量を発注する方式です。

③　随時変量方式（V-v）

　この方式は、補充のタイミングと数量をいずれも固定しない点に特徴があります。SCMの観点からは柔軟に需要に追随することで在庫を少なくできる点がメリットになり得ますが、他方で必要な数量を把握する頻度が一定でないことにより煩雑な管理を要する点がデメリットになり得ます。流行期間が短い季節性の商品や、一品作りの受注生産品、高価で在庫を保有することが難しい品目などに適した方式といえます。代表的な手法には都度発注方式、資材所要量計算方式があります。

【都度発注方式】

　必要な都度、必要な量だけ発注する方式です。

【資材所要量計画方式】

　受注したタイミングなどで都度、資材所要量計算を実行し、その結果作成される計画オーダーに従って発注する方式です。

④　定期変量方式（F-v）

　この方式は、補充のタイミングを固定とし、補充量を可変とする点に特徴があります。SCMの観点から見た場合、随時変量方式（V-v）に比べ発注の頻度が安定していることで運用の煩雑さが軽減される点がメリットになり得ますが、必要数を発注の都度把握する手間を要する点については同様です。そのため継続的な需要があり、かつ比較的需要変動の大きい品目に適した方式といえます。代表的な手法には定期発注方式、補充点方式、資材所要量計画方式があります。

【定期発注方式】

　一定の間隔で毎回数量を計算して発注する方式です（**図5.4**）。次の計算式で求めます。

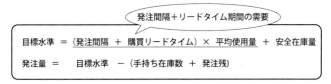

目標水準 ＝ （発注間隔 ＋ 購買リードタイム） × 平均使用量 ＋ 安全在庫量

発注量 ＝ 　目標水準 － （手持ち在庫数 ＋ 発注残）

発注間隔＋リードタイム期間の需要

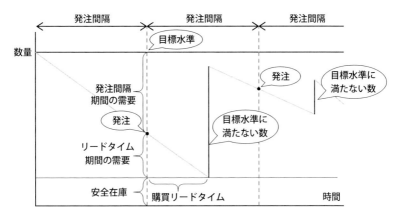

図5.4　定期発注方式

　まず、目標水準となる在庫数を設定します。目標水準は発注間隔＋購買リードタイム期間分の需要に安全在庫を加えて計算します。発注の都度、目標水準に満たない数を発注量として計算し発注します。

【補充点方式】

　使用した数だけ発注する簡易的な方式です。スーパーマーケットの商品補充などで用いられることがあります。

発注量　＝　　補充点在庫数　－　手持ち在庫数

保持しておきたい数

【資材所要量計画方式】

　定期的に資材所要量計算を実行し、その結果作成される計画オーダーに従って発注する方式です。

主な在庫プランニング手法
安全在庫

安全在庫とは

　安全在庫とは、需要・供給の不確実性に対応するための在庫です（**図5.5**）。

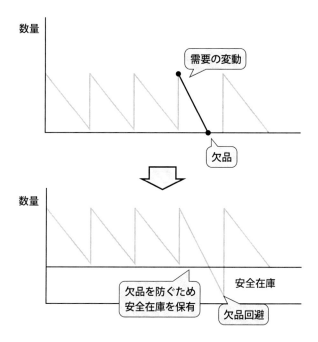

図5.5　需要変動による欠品発生とそれを防止する安全在庫のイメージ

　安全在庫を保有することによって、顧客からの注文が予定よりも多い場合や、設備故障による生産の遅延、不良率が多く予定どおりの数量が供給できない場合でも、欠品や遅延発生確率を下げることができます。

　安全在庫数は、ターゲットとする顧客サービスレベル、リードタイム中の需要変動、リードタイムの長さを考慮して決定します。それぞれの要素が欠品率に与える影響は**表5.2**のとおりです。欠品率を低くするためには、より多くの安全在庫が必要です。

表5.2　安全在庫数を決定する要素と欠品率に与える影響

安全在庫決定要素	欠品率に与える影響
ターゲットとする 顧客サービスレベル	「欠品率＝1－サービスレベル」の関係があり、サービスレベルが低いと欠品率は高くなります。
リードタイム中の需要変動	需要変動が多く発生する場合、欠品率は高くなります。
リードタイムの長さ	リードタイムが長いと、需要変動による他工程への影響も大きくなり、欠品率は高くなります。現実にはありませんが、仮にリードタイムがゼロの場合は、欠品率もゼロとなります。

安全在庫数の計算方法

　安全在庫数は、サービスレベルから導出する安全係数と、需要のばらつき度合い、および調達リードタイムを使用して次の式で計算できます。

$$\text{安全在庫数} \,\overset{①}{=}\, \text{安全係数} \times \overset{②}{\underset{\text{（平均絶対偏差または標準偏差）}}{\text{1日の需要ばらつき度合い}}} \times \overset{③}{\sqrt{\text{調達リードタイム}}}$$

①　安全係数

　安全係数は、目標とするサービスレベル、または欠品率より換算テーブルを使い決定します。**表5.3**を例にとると、仮にサービスレベルを90%（10回の出荷のうち9回は欠品なし）と設定する場合、安全係数は1.60（SDの場合は1.28）となります。MADは平均絶対偏差（Mean Absolute Deviation）の略で、SDは標準偏差（Standard Deviation）の略です。

表5.3　安全係数テーブル

サービスレベル	欠品率 (=1－サービスレベル)	安全係数 MAD	安全係数 SD
50.00%	50.00%	0.00	0.00
80.00%	20.00%	1.05	0.84
90.00%	10.00%	1.60	1.28
95.00%	5.00%	2.06	1.65
97.00%	3.00%	2.35	1.88
99.00%	1.00%	2.91	2.33
99.90%	0.10%	3.85	3.09
99.99%	0.01%	5.00	4.00

② 1日の需要のばらつき度合い

1日の需要のばらつき度合いは、平均絶対偏差（MAD）または標準偏差（SD）を計算して求めます。絶対平均偏差とは、過去の予測値と実績値の差の絶対値の平均のことです。詳細は第3章「デマンドマネジメント」に前述しています。標準偏差とは、過去の予測値と実績値の差の二乗平均のことです。いずれを使用してもかまいませんが、MADのほうが簡便といえます。

$$
\text{平均絶対偏差(MAD)} = \frac{\text{予実差の絶対値の合計}}{\text{データの個数}}
$$

$$
\text{標準偏差(SD)} = \sqrt{\frac{\text{予実差の二乗の合計}}{\text{データの個数}}}
$$

表5.4は、7日間それぞれの出荷予定数量と出荷実績数量の予実差を取得し、平均絶対偏差、標準偏差を計算した例です。Excelの関数を使用すると、「予実差」を利用して平均絶対偏差、標準偏差を自動で計算できます。絶対偏差の計算にはAVEDEV関数を、標準偏差の計算にはSTDEV関数を利用します。

表5.4　出荷予定と出荷実績の差と絶対平均偏差、標準偏差

日付	出荷予定数量	出荷実績数量	予実差 （Deviation）	予実差の絶対値 （Absolute Deviation）
x月1日	20	10	10	10
x月2日	30	20	10	10
x月3日	40	50	-10	10
x月4日	30	50	-20	20
x月5日	20	30	-10	10
x月6日	10	20	-10	10
x月7日	40	10	30	30

予実差の絶対値の平均（平均絶対偏差MAD）	14.29
予実差の二乗の平均（標準偏差SD）	17.32

③ リードタイム

リードタイムには、調達に要するリードタイムの平方根を設定します。そのままの日数ではなく平方根としているのは、リードタイムが②で述べた絶対平均偏差または標準偏差の期間である1日より長くなる場合、予測する期間の偏差は単純に比例して大きくなるのではなく、期間の平方根に比例するという統計学上のルールがあるためです。

計算例に記載した安全係数1.60、MAD14.29を使用し、調達リードタイムを4日と仮定した場合の安全在庫数の計算例を下に示します。

$$安全在庫数 = 安全係数 \times 1日の需要ばらつき度合い \times \sqrt{調達リードタイム}$$
$$= 1.60 \times 14.29 \times \sqrt{4}$$
$$= 45.73\,(個)$$

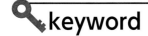

keyword

顧客サービスレベル　　　customer service level[4]

顧客からの注文をスケジュールどおりに納品した割合を評価する指標。

特定期間において、スケジュールどおりに納品した数量または金額と、納品予定数量または金額の合計との比。パーセンテージで表す。

$$顧客サービスレベル（数量基準） = \frac{特定期間にスケジュールどおりに納品した数量}{特定期間の納品予定数量}\,(\%)$$

$$顧客サービスレベル（金額基準） = \frac{特定期間にスケジュールどおりに納品した金額}{特定期間の納品予定金額}\,(\%)$$

主な在庫プランニング手法
経済的発注量（EOQ）

　経済的発注量（EOQ：Economic order quantity）とは、一定期間の発注に要する費用の総額と在庫保有に要する費用の総額を最小化する1回あたりの発注数量のことです。発注点方式において発注数量を設定する際に使用することがあります。以下、一定期間を1年間として、計算の方法を説明します。

経済的発注量の計算方法

　まず、年間発注費用を求めます。発注費用には、郵便料金や書類作成のための消耗品費、材料受入に要する労務費を含みます。年間発注数量を一定と置いた場合、1回あたり発注数量と1回あたり発注費用は反比例の関係にあります。年間発注費用は以下の式で計算できます。

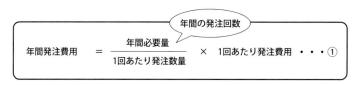

　次に、年間在庫保有費用を求めます。在庫保有費用には、在庫の保管料、保険料、倉庫設備の賃貸料、減価償却費、在庫取得にともなう資金調達に要した金利、もしほかの事業に投資したとした場合に得られる利益の合計を含みます。在庫数量が増えれば在庫保有費用も増えるため、在庫保有費用と発注数量は比例関係にあります。年間在庫保有費用は以下の式で計算できます。

　年間平均在庫数は、**図5.6**に示すグラフのグレー部分の面積を計算して求めます。在庫は一定の割合で使用されると仮定した場合、左のグラフを右側のように変形でき、年間平均在庫数は時間×1回あたり発注数量×1/2として計算できます。時間を1と置くと、②式のとおりとなります。

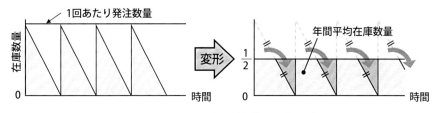

図5.6　年間平均在庫数導出の考え方

　年間発注費用と年間在庫保有費用が同額になる発注数量、すなわち**図5.7**の発注費用に関する曲線である式①と在庫保有費用に関する直線である式②の交点が、経済的発注量です。

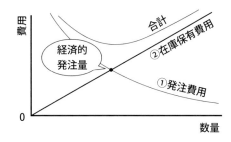

図5.7　発注費用、在庫保有費用、合計費用と経済的発注量の関係

　交点を求めるためにまず式①＝式②とします。1回あたり発注数量について解くことで式を変形すると、経済的発注量を計算することができます。

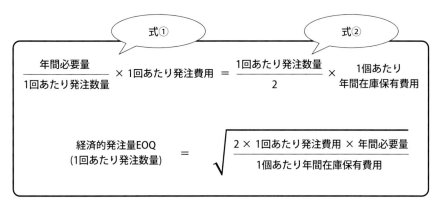

　経済的発注量の計算式は、需要が一定であること、バッチで生産、購入されていること、発注費用と在庫保管費用が把握できること、発注数は一括で納入され分割納入されないことを前提としています[(5)]。

119

5-5 主な在庫プランニング手法 ABC在庫分析

ABC在庫分析とは、出荷した在庫金額や売上金額、粗利などから評価軸を決め、取扱品目を大きい順に並べてA、B、Cの3グループに分類し、グループごとに在庫コントロール方法を計画する手法です。(**図5.8**)。

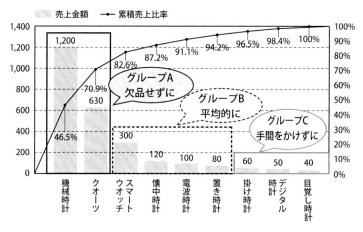

図5.8　ABC在庫分析のグラフ例

A、B、Cの構成比は、評価軸とした金額全体のうち80%をグループA、次いで15%をグループB、残り5%をグループCとすることが目安とされています。売上金額を評価軸とした構成比、グループ別の在庫コントロール方針、発注方式の例を**図5.9**に記します。

グループAに属する品目は重点品目として扱い、なるべく欠品も過剰も起こらない入念なコントロールを計画します。発注方式の検討に加え、安全在庫数を少ない余裕で見積もる、少量のオーダーを多頻度で発行する、棚卸の頻度を増やす（5-6参照）、盗難防止のため物理的なセキュリティ対策を施す、需要予測を実施して頻繁に見直しする、などのコントロールを検討します。グループBに属する品目はグループAほど手間をかけずグループCほど簡略化しないコントロールを計画します。発注方式には発注点方式などを採用します。

グループ 重要度	構成比の目安		在庫コントロールの方針	発注方式例
	売上金額	品目点数		
A 重要度大	80%	20%	欠品も過剰も起こらないようにコントロールする。	資材所要量計画方式 定期発注方式 かんばん方式
B 重要度中	15%	30%	平均的なコントロールとする。	発注点方式
C 重要度小	5%	50%	なるべく簡略化し、手間をかけずコントロールする。	補充点方式 ダブルビン方式

図5.9　ABC構成比別の在庫コントロール方針、発注方式例

グループCに属する品目はなるべく簡略化したコントロールを計画します。発注方式には補充点方式やダブルビン方式などを採用します。加えて、終売商品や流行の去った商品が含まれている場合は、取り扱いを継続するか止めるかを検討することもあります。グループAに分類した品目のように、大半の結果が少数の原因に起因していることを示す経験則をパレートの法則と呼びます。

　ABCのグループへの分類は、**図5.10**に記した①～⑤のステップで行います[6]。①売上金額、出荷金額、粗利などから評価軸を決めます。②品目別に関連する実績、または計画データを収集します。③評価軸の大きい品目順に並べ、④評価軸の累積値と、累積比率を計算します。最後に⑤累積比率の数値に基づき、各品目をABCの3グループに分類します。

品目	売上金額	累積 売上金額	累積 売上比率	ABC分類
機械時計	1,200	1,200	46.5%	A
クオーツ	630	1,830	70.9%	A
スマートウオッチ	300	2,130	82.6%	B
懐中時計	120	2,250	87.2%	B
電波時計	100	2,350	91.1%	B
置き時計	80	2,430	94.2%	B
掛け時計	60	2,490	96.5%	C
デジタル時計	50	2,540	98.4%	C
目覚し時計	40	2,580	100.0%	C
合計	2,580			単位：百万円

図5.10　ABC在庫分類リスト

5-6 主な在庫コントロール手法
在庫数量の把握方法

本節からは主な在庫コントロール手法のうち在庫数量の把握方法、在庫金額の計算方法、在庫の評価方法について説明します。

棚卸

棚卸は、原材料・仕掛品・完成品などの在庫の状況を把握することを目的とする活動です。一般的に棚卸の記録は専用のソフトウエアなどを利用して行われており、さまざまな意思決定の前提となる基礎情報として参照されます。そのため、その内容が信頼に足るものであることは企業の活動において極めて重要な意味をもちます。棚卸計算法には、一定の期間ごとに在庫の状況を把握する定期棚卸法と、継続的に在庫の状況を把握する恒久棚卸法とがあります[7]。多くの企業では定期棚卸法を採用しており、その実施方法については実際の在庫をカウントする「実地棚卸」が用いられます。

実地棚卸の特徴：定期実地棚卸

実地棚卸の実施方法には「定期実地棚卸」と「循環棚卸」の2種類があります。日本の会計原則では、これらのうち「定期実地棚卸」のみが定期棚卸法によって在庫金額を把握する場合の実地棚卸の実施方法として認められています[8]。定期実地棚卸は、年度末などの決まったタイミングで工場や倉庫といった在庫を保有している施設全体の業務を中断し、在庫が変動しない状況を確保した上で実施する実地棚卸です。そのため、個々の在庫の状況だけでなく全体の状況を正確かつ同時に把握することができる点に特徴があります。しかし、定期実地棚卸はその名の示す通り実施される機会が多くとも年に数回に限られます。したがって、実施時から次の実施機会までの間に起きた在庫状況の変化の過程の把握・説明にはあまり寄与しないという特徴も併せ持ちます。

これらの特徴をSCMの観点から整理した場合、定期実地棚卸による実地棚卸の結果を在庫情報として用いることは、次のような問題状況を惹起する可能性を含むものといえます[9]。

・在庫記録の誤りを適時に検知・是正できず、誤情報に基づいた意思決定がなされることがある（適切な意思決定の連鎖が阻害されている状況）
・在庫差異が生じた原因を把握することができず、その再発の防止が困難なことがある（適切なモノやサービスの供給連鎖が阻害されている状況）

実地棚卸の特徴：循環棚卸

　循環棚卸は、日次・週次など前出の定期実地棚卸に比べて高い頻度で在庫を実際に数えることで、在庫の変化を適時に把握することを目指す点に特徴のある実地棚卸方法です。また、実地棚卸の結果と帳簿残高との間で差異が出た場合は、その原因を把握して再発を防止することを目的とする点に特徴があります。もっとも、このような高い頻度で工場の設備などを止めて棚卸を実施することは現実的ではありませんので、一度に対象とする範囲を限定して実施されることが一般的です。なお、この方法は日本の会計原則では補助的な役割のみを認められた方法であるため、前述の定期実地棚卸を代替することはできません。必ず定期実地棚卸を併せて行う必要がある点に注意を要します。

　SCMの観点から循環棚卸を捉えた場合、先述の問題状況が惹起される可能性を小さくする点で定期実地棚卸とは補完関係にあるといえます。すなわち、適時に在庫情報を把握できるようになることで、適切な意思決定の連鎖と適切なものやサービスの供給の連鎖を促進する点において、循環棚卸による棚卸はSCMに寄与する活動の一つといえます。

　定期実地棚卸と循環棚卸の特徴を整理すると下表（**表5.5**）のようになります。

表5.5　定期実地棚卸と循環棚卸の特徴

	定期実地棚卸	循環棚卸
主な目的	外部報告の観点から正確な在庫状況を把握する	SCMの観点から適時に在庫状況の変化を把握する
実施頻度	低い（決算期のみ）	高い
実施対象	全品目を同時に対象とする	一部の品目のみを対象とする
実施義務	あり	なし

主な在庫金額の計算方法

在庫金額を計算する方法には、先入先出法、後入先出法、加重平均法、移動平均法の4つの代表的な方法があります。図5.11を使って4つの計算方法をそれぞれ説明します。はじめに図の見方を説明します。①は在庫金額100円の期首在庫が1個あることを示しています。②は期中に120円で1個仕入れ、さらに1個140円で仕入れたことを示しています。③は1個売り上げたことを示し、④は期末在庫が2個残ったことを示しています。③と④の???円は、4つの計算方法でそれぞれ異なった値を取ります。ある期間において、取引前の残高、期中の増加分、期中の減少分、期末の残高を4つに分けて記載した図をボックス図と呼びます。

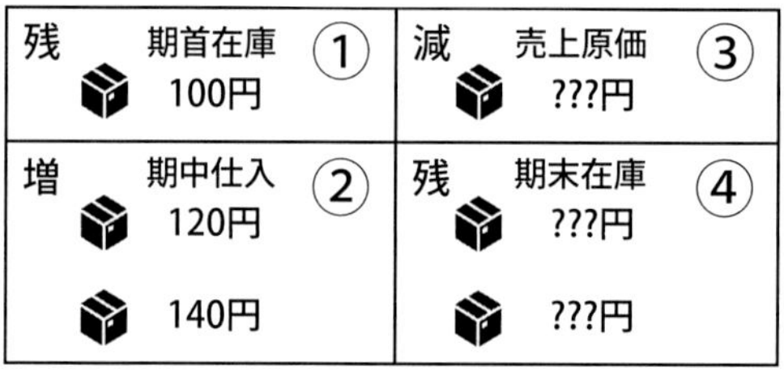

残　期首在庫 ① 100円	減　売上原価 ③ ???円
増　期中仕入 ② 120円 140円	残　期末在庫 ④ ???円 ???円

図5.11　ボックス図

先入先出法とは、先に購入した在庫を先に販売されると仮定して売上原価に計上し、残りを期末在庫金額とする計算方法です（**図5.12**）。

後入先出法とは、後に購入した在庫が先に販売されると仮定して売上原価に計上し、残りを期末在庫金額とする計算方法です（**図5.13**）。

加重平均法とは、期末の時点で期首在庫および当期中に購入した在庫数、在庫金額をすべて平均して平均単価を計算し、平均単価×数量を売上原価、および期末在庫金額とする計算方法です（**図5.14**）。

移動平均法とは、在庫を購入する都度、平均単価を計算して平均単価×在庫数量を在庫金額とする計算方法です（**図5.15**）。売上原価は、売上が発生した

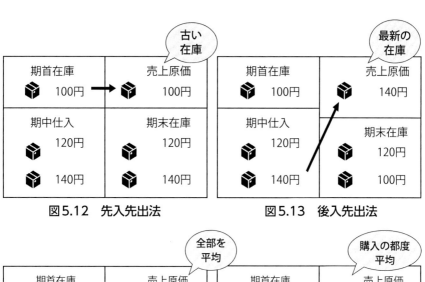

図5.12　先入先出法

図5.13　後入先出法

図5.14　加重平均法

図5.15　移動平均法

時点の在庫金額を適用します。図5.15では、120円の在庫を購入した時点で、100円の在庫と120円の在庫の平均単価を110円と計算しています。その後、新たに140円の在庫を購入した時点で、その在庫と平均単価110円とした在庫との平均単価を再度計算しています。

4つの計算方法の特徴

　それぞれの計算方法は、場合によっては実態と乖離した計算結果となることがあります。サプライチェーンの状態を正しく把握するためには、メーカーの運用に近い計算方法を選ぶことが望ましいといえます。4つの計算方法の特徴と、どのような品目にどの計算方法を適用すると計算結果がメーカーの運用に近くなるかを説明します。そのまとめを**表5.6**に記します。

先入先出法（FIFO：First In, First Out）は、期末の在庫金額が最新の価格に近くなる一方、売上原価は、価格上昇局面においては過小評価され、価格下落局面においては過大評価されるなど、価格変動局面では実態と乖離する特徴があります。主に生鮮食品など、劣化しやすい品目に適用すると、売上原価の計算結果が現場の運用に近くなります。

　後入先出法（LILO：Last In, Last Out）は、売上原価が最新の価格に近くなる一方、期末在庫金額は、価格上昇局面においては過小評価され、価格下落局面においては過大評価されるなど実態と乖離する特徴があります。ブロックなど、積み重ねた在庫の最下部の出荷が難しく、かつ劣化しにくい品目に適用すると、売上原価の計算結果が現場の運用に近くなります。

　加重平均法（Weighted-average method）は、計算が簡便であるものの、期初在庫金額と期中の仕入すべてを平均するため、期末にならないと売上原価や在庫金額が計算できないという特徴があります。タンクに保管されている化学品など、一括で保管されていていつ仕入れたものが使用されたかの判断が難しい品目に適用すると、売上原価の計算結果が現場の運用に近くなります。

　移動平均法（Moving-average method）は、在庫金額、売上原価とも最新の価格が反映されますが、記録に手間がかかるという特徴があります。貴金属類などの価格変動が大きな品目や、売上構成比率の大きい品目に適用されることがあります。

計算方法の変更

　在庫金額の計算方法は変更することができます。ただし、変更する場合は、正当な理由であることを財務諸表に注記する必要があります[(10)]。というのは、財務諸表の在庫金額や売上原価が変更されること自体が、帳簿上の利益操作と解釈される場合があるからです。

後入先出法の使用制限

　4つの在庫金額計算方法のうち、後入先出方法はIFRS（国際財務報告基準）および日本の会計基準において財務諸表に表記する棚卸資産の計算方法として認められていません[(11)]。企業の内部資料として使用する場合においては、この方法を使うことも可能です。

表5.6　4つの在庫金額計算方法と特徴[(12)]

名称		先入先出法	後入先出法	加重平均法	移動平均法
計算方法		先に購入した在庫が先に販売されたと仮定した方法。	後に購入した在庫が先に販売されたと仮定した方法。	期首および当期中に購入した在庫数の合計に対する平均単価を計算する方法。	在庫を購入する都度、平均単価を計算する方法。
価格上昇局面	在庫金額	最新の価格を反映	過小評価	期間分を平均	最新の価格を反映
	売上原価	過小評価	最新の価格を反映	平均単価で計算	最新の価格を反映
価格下落局面	在庫金額	最新の価格を反映	過大評価	期間分を平均	最新の価格を反映
	売上原価	過大評価	最新の価格を反映	平均単価で計算	最新の価格を反映
特徴		最新の価格で在庫金額を記録できるが、価格変動局面では売上原価が実態と乖離する傾向がある。	最新の価格で売上原価を計算できるが、価格変動局面では在庫金額が実態と乖離する傾向がある。	計算が簡便であるが、期末になるまで在庫金額の計算ができない。	最新の価格で在庫金額、売上原価を計算できるが、記録に手間がかかる。
適用品目の目安		生鮮食品など、劣化しやすい品目。	ブロックなど、積み重ねた在庫の最下部の出荷が難しく、劣化しない品目。	タンクに保管されている化学品など、一括（バルク）で保管されている品目。	貴金属類などの価格変動が大きな品目や、売上構成比率の大きい品目。

column ● 循環棚卸とABC分析

　世界標準のSCMでは、在庫の重要性に応じて循環棚卸の実施頻度を検討することが効果的と考えられています。この重要度を決定する際には5-5「ABC在庫分析」で登場したABC分析を用いることがあります。棚卸におけるABC分析では評価軸として在庫金額や売上金額・粗利の他に在庫回転率や取引の頻度などが検討されます。そして、Aグループの品目は週に1回、Bグループの品目は月に1回、Cグループは定期棚卸のみとするなど、グループ別に実施頻度が決定されることになります。

在庫の評価方法として在庫回転率と在庫回転期間、在庫日数について説明します。SCMにおける「在庫管理」（5-1参照）の説明で述べた「欠品も過剰も起こらない」適切な在庫水準を見極める手段として用いられることがあります。

在庫回転率

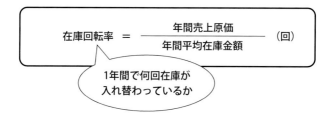

在庫回転率とは、在庫が1年間で何回入れ替わっていたかを示す指標です。その値が大きいほど在庫を効率的に使って販売していることを示し、上の式で計算されます。たとえば在庫回転率が12の場合、1か月に1回在庫が入れ替わっていることを意味します。

自社の在庫回転率が業界平均や他業種より高すぎる場合は、在庫効率が高い一方で欠品リスクも高まっている可能性があります。欠品しないように在庫を増やすか、精度の高い在庫コントロールが重要といえます。

他方、自社の在庫回転率が業界平均や他業種より低すぎる場合は、過剰に在庫を抱えている可能性が考えられます。売れ残りを廃棄したり、減損処理をしたりする必要が生じるリスクが高まるため、自社にとって適切な水準を見極めることが重要といえます。

在庫回転日数

$$\text{在庫回転日数} = \frac{\text{年間平均在庫金額}}{\text{1日分の売上原価}} \quad （日）$$

何日分の在庫を保持
しているか?

　在庫回転日数とは、何日分の売上に相当する在庫を保有しているのかを示す指標です。上に示す式で計算します。

　ここでいう「1日分の売上原価」は、年間の売上原価を365で割って求められます。これを整理すると、次のように表すことができます。

$$\text{在庫回転日数} = \text{年間平均在庫金額} \div \frac{\text{年間売上原価}}{365}$$

$$= 365 \div \frac{\text{年間売上原価}}{\text{年間平均在庫金額}}$$

$$= 365 \div \text{在庫回転率}$$

在庫日数

$$\text{在庫日数} = \frac{\text{手持ち在庫数}}{\text{1日分の平均使用数}} \quad （日）$$

何日分の在庫を保持
しているか?

　在庫日数とは、手持ちの在庫数量がなくなるまでの期間を示す指標です。

　前項の在庫回転日数と同じ意味を持ちますが、前者が金額ベースであるのに対し、この在庫日数は数量ベースで計算する点に特徴があります。

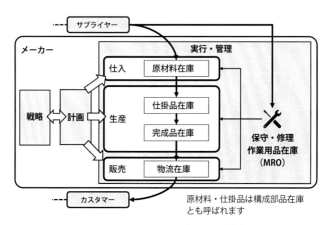

図5.16　MP&Cと在庫の関係

SCMにおける在庫の位置づけ

　SCMにおいて在庫を保有する意義とは何でしょうか。第1章で述べたSCM
の目的「効率よく儲ける」を測る指標のROICを手がかりに考えてみましょう。

　必要なモノを必要な時に供給できる在庫があれば売り逃しの可能性が最小化
されますので、売上の増加が期待できます。その一方でこの在庫が多すぎると
売れ残りが発生することもあります。売れ残りは売上も利益も生み出しません
ので、この在庫に投下した資本はROICの向上に寄与しません。また、在庫を
十分に持っていない場合は売り逃しのリスクが高まります。このとき、売り逃
さなければ得られたであろう利益の多寡によってROICへの寄与の有無は変化
します。つまり、SCMの観点からは、売上を媒介として把握される利益と投
下資本のバランスを見極めつつ、「欠品も過剰も起こらない」適切な在庫の水
準を判断する必要があります。

　これらのことから、SCMにおいて在庫を保有することは、サプライチェー
ンの特徴である複雑さと不確実さを克服するための活動の一つと位置づけるこ
とができるのです。

在庫は「サプライチェーンを流れるモノの状態」および「在庫ができる理由」によって整理・分類できます。

「SCを流れるモノの状態」として整理した在庫の分類

在庫を「サプライチェーン（SC）を流れるモノの状態」として整理すると、原材料、仕掛品、完成品の3つに、物流在庫、構成部品、保守・修理・作業用品の3つを加えた6つに分類することができます[13]（**図5.16**）。6つの在庫についてそれぞれを説明します。

- ・原材料とは、未処理状態の購入品や購入せず採取した水や資源など、仕掛品や製品を製造するために使用される在庫のことです。
- ・仕掛品とは、原材料が初めの工程に投入された状態から完成品になるまでの製造途中の状態にある在庫のことです。
- ・完成品とは、すべての製造作業が完了して顧客に出荷できる状態にある在庫のことです。
- ・物流在庫とは、輸送中の在庫や物流センター倉庫にある在庫など、流通途中にある状態の在庫のことです。
- ・構成部品とは、上位レベルの品目に使用される原材料、仕掛品、および梱包材の総称を指します。
- ・保守・修理・作業用品とは、メンテナンス用品、予備部品、工具、潤滑油、清掃具、消耗品など、保守や修理、製造作業支援業務で使用される状態にある在庫のことです。MRO suppliesは正式名称をMaintenance, Repair and Operating suppliesと呼びます。

「在庫ができる理由」を手がかりとした在庫の特徴と種類

SCMにおける在庫の管理者にとって、在庫は積極的な意図をもって保有するものと、自ら意図することなく保有するものとに大別できます。このうち前者については需給に関する未知の変化、すなわちサプライチェーンにおける不確実性を克服することと、既知の制約条件である、「時間差」を克服することを目的としています。後者については克服困難な制約条件により生じます。

「不確実性を克服する」ために保有する在庫は、克服する不確実性の特徴によって安全在庫、見越し在庫、ヘッジ在庫の3つに分類されます。また、「時間差を克服する」ために保有する在庫はデカップリング在庫（1-3参照）および

バッファー在庫の2つに大別されます。そして、自ら意図することなく生じる在庫の例としてはロットサイズ在庫と積送在庫の2つが挙げられます[14]（表5.7）

表5.7　在庫ができる理由と在庫の分類

できる理由	在庫の分類	説明
不確実性を克服するため	安全在庫	想定外の注文や製造遅延など、不確実で予測不可能な需要や供給の変動を吸収するために保有する在庫。
	見越し在庫	販売促進、季節変動による需要増や、休暇やストライキなどによる供給減など、不確実だが予測可能な需要増や供給減を見越して保有する在庫。
	ヘッジ在庫	自然災害、ストライキ、穀物相場変動など不確実な価格上昇の影響を減らすために調達価格を固定して保有する在庫。
時間差を克服するため	デカップリング在庫	待てる時間と供給に要する時間の差を吸収するために保有する在庫。
	バッファー在庫	ボトルネック工程の作業が止まらないように、ボトルネック工程の直前に保有する在庫。ボトルネック工程については第7章を参照。
制約条件によるため	ロットサイズ在庫	必要数を超えてまとめて生産、発注することで保有する在庫。発注業者や製造設備の制約により在庫を持たざるを得ない場合と、効率化やコスト削減など、不確実性を吸収するために持つ場合があります。
	積送在庫	ある場所からほかの場所への輸送に時間を要するという制約のために使用することができない在庫。

column ● SKU（Stock Keeping Unit）

　SKUとは、在庫をコントロールする最小単位のことです。同じモノを取り扱う場合でも包装形態や、サイズ違い、色違いがあるなどの場合にSKUを区別することがあります。配送システムにおいては、これらに加えて在庫が複数の異なるロケーションに所在する場合にもSKUを区別することもあります。

　たとえば、時計という完成品が、サイズ違いで2種類、色違いで3種類を、2か所のロケーションで保管されていたとします。この場合のSKUは2（サイズ違い）×3（色違い）×2（ロケーション違い）＝12とカウントします。

第 6 章

実行と管理：仕入

この章を読み終えると、以下の内容を理解することができます。

- SCMにおけるプロキュアメントの役割
- プロキュアメントの計画
- プロキュアメントの実行

6-1 SCMにおける プロキュアメントの役割

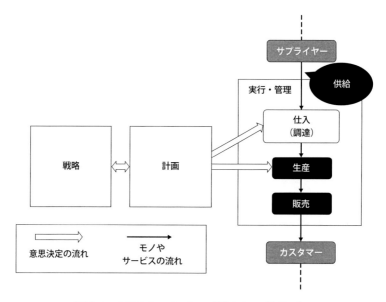

図6.1　MP&Cにおける「仕入」の位置づけ

「仕入」とは

　外部から商品（原材料など）を購入して生産活動を担当する部署に供給する活動は「プロキュアメント（仕入）」と呼ばれます[1]。仕入は、MP&Cにおいて直接的にモノやサービスの流れに関与する活動の一つです。（図6.1）。

　仕入を担当する調達・購買部門は、適切な数量・価格・品質・納期で原材料などを入手することで、生産部門の活動効率や企業財務における資本効率に寄与することが求められます。また、安定かつ継続的に原材料などを入手し、当該企業自身のカスタマーに対する供給能力を維持することも求められます。さらにSCMにおいてはこれら2つの役割を同時に担うことでサプライチェーン全体の仕組みが効果的かつ効率的に機能することが求められます。

　仕入の対象には樹脂ペレットや木材といった最終製品の形状と全く異なるもの

ばかりでなく、液晶パネルやねじといった加工されたパーツ類も含まれます（第1章参照）。このことは何を仕入の対象とし、何を内製するかという企業の生産活動の範囲についての意思決定と密接に関係しており、次のような観点から判断されます。

- 適切な種類、量、タイミングで入手することが可能か
- 仕入、生産、販売の各活動を通じて付加されるコストが低減されるか
- 外部より仕入れることで企業の供給活動自体が滞るリスクを軽減できるか
- 外部より仕入れることで企業が担うべき社会的責任に寄与するか

また、商品価値の観点から特に重要と考えられるパーツなどの仕入れを検討する場合は、それを採用することで期待される技術的進歩への対応コストが、内製した場合と比べて廉価であるかという観点が併せて求められます。このように、仕入は生産や販売の活動を含めた企業の供給活動全体が安定的に行われるよう、計画し実行・管理することが望まれるのです（**図6.2**）。

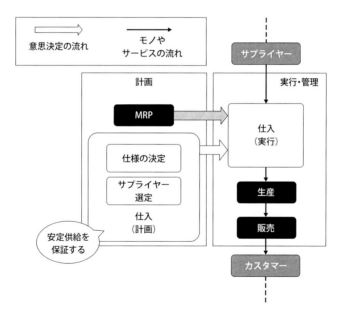

図6.2　SCMにおける「仕入」の役割

6-2 プロキュアメントの計画 仕様の決定

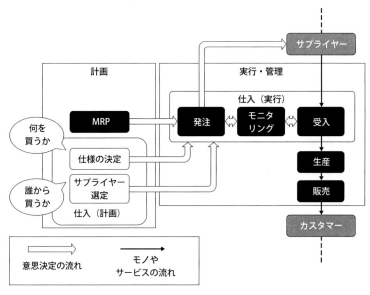

図6.3　仕入の計画

仕入の計画

　企業の「仕入」に関する活動は、その前提として「何を買うか」という製品や原材料・部品の仕様を決定するための活動、およびそれらを「誰から買うか」というサプライヤーを選定する活動についての意思決定が必要です。世界標準のSCMにおいてこれらの活動は「計画」に属するものとして整理され、前掲のMRPとともに実行に関する活動へのインプット情報の1つとして位置づけられています（**図6.3**）。

仕様の決定

　仕入の対象となる原材料などの仕様は、生産活動の主体となる企業が必要とする数量・価格・機能といった要素を考慮して起案されます。これらは仕様書

や図面として文書化され、サプライヤーに提示されます。これらの文書には物性・製造方法・要求性能など仕入の対象を特定し得る情報が具体的に記載されます。他方、サプライヤー側の供給能力や両者の関係性を考慮する過程で様々な制約も生じます。そのため、仕入の対象とする原材料などは調達が滞るリスク、すなわちサプライヤーから仕入れた企業自身のカスタマーに対する供給活動が滞るリスクと、これによって想定される当該企業の利益に対する影響の大きさによって、次の4種類に整理されます（**図6.4**）。

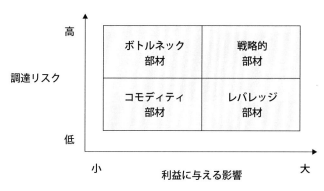

図6.4　部材の特徴による整理と仕入方針の例

- 戦略的部材：サプライヤーの選択肢が少なく、メーカーの供給活動においてきわめて重要な役割を担う部材。サプライヤーとの間では長期的な供給契約の締結によって調達リスクを低減することが望まれる。受注生産品を含む。
- ボトルネック部材：メーカーの供給活動における利益への影響は小さいが、サプライヤーの交渉力が勝っているため潜在的な調達リスクが存在する部材。
- レバレッジ部材：製造原価に占める割合が大きく、かつ複数のサプライヤーが存在する部材。取引量が多いことから、値引き交渉の影響が大きい。鉄、樹脂、小麦など。
- コモディティ部材：製造原価に占める割合がきわめて小さく、かつ多数のサプライヤーが存在する部材。これらの特徴より仕入に伴う諸費用を可能な限り低く抑えることが望まれる。包装材など。

プロキュアメントの計画
サプライヤー選定とサプライヤーとの関係性

サプライヤー選定

仕入におけるサプライヤーの選定は、次の要素を中心に検討されます。

- 生産技術：仕様に適合した機能や品質の部材を生産する技術の有無、および改善提案についての期待可能性
- 生産能力：自社の供給活動に必要な数量の部材を供給することの可能な生産能力の有無、および需要の変化に対する柔軟性
- 財務状況：財務リスクに起因する部材の供給の継続性についての懸念の有無
- 供給体制：輸送体制など、部材の納期を左右する要素についての懸念の有無
- 価格：調達リスクに応じた価格設定の適切さ

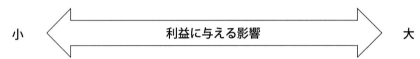

図6.5　仕入取引が利益に与える影響とサプライヤーとの関係

緊密な連携関係（運命共同体）

　また、サプライヤーとの関係性は、仕入取引の利益に対する影響を基準として2つのタイプに整理されます（図6.5）。

　仕入取引が利益に与える影響が大きい場合に求められるサプライヤーとの関係は、運命共同体ともいうべき緊密な連携関係です。この関係性は仕入取引に伴う付加価値が高い一方、相互の情報共有と信頼が求められます。この関係性が成立しやすい状況は大別して2つに整理することができます。

　1つめは、両社が共通の、または相互補完的な目標を持っている場合で、たとえば共通のライバルが存在する場合などがこれに当たります。買い手はライバルよりも優位に立つために値下げを志向し、売り手は市場参入拡大を志向することから、両社の利害が一致します。このような関係は「パートナーシップ」とも呼ばれます。もう1つは、両社が戦略的目標を共有しており、事業計画の遂行について協力の合意のある場合です。両者が互いの技術を用いて共同開発を行うような場合がこれに該当します。このような関係は「戦略的協力関係」とも呼ばれます。

距離を保った関係（アームズレングス）

　他方、仕入取引が利益に与える影響が小さく付加価値に乏しい場合に求められるサプライヤーとの関係は、適切な距離を保った（アームスレングスの）関係です。このときの両者の関係は必ずしも継続的な取引関係を想定しない点に特徴があります。両者の関係が相互に利益を交換するものである場合、サプライヤーは「ベンダー」と呼ばれます。これらのサプライヤーとの仕入取引では取引そのものに付随する費用を最小化することが中心的な関心事となります。

　以上を整理すると、プロキュアメントにおける「計画」の重要な役割の1つは、MRPの計画の実効性を担保することで安定供給を保証することといえます。この役割は、仕入に関する活動を実行する調達・購買部門だけでなく、社内の他部署や社外のサプライヤーとの関係性に大きく影響を受けるものであるといえます。

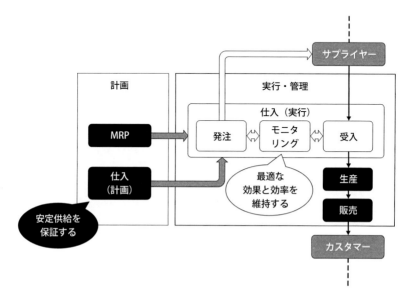

6-4 プロキュアメントの実行

図6.6　仕入の実行

　仕入にはMRPにおいて起案された計画に従ってサプライヤーに調達すべき材料などの種類・数量・価格・必要なタイミングなどを伝える「発注」と、その発注内容に沿ってサプライヤーが用意した材料などを受領し、生産活動と担当する部門に引き渡す「受入」、さらにこれら2つの活動が計画どおりに実施されているかどうかを継続的に確認する「モニタリング」が含まれます（**図6.6**）。

　「仕入」の実行に際しては、その対象となる原材料の数量・価格・性能・品質といった特徴に応じた方法を選択することが望まれます[(2)]。たとえば汎用部品を仕入れる場合、サプライヤーは複数存在することが期待でき、また入札によってもっとも安い金額を提示したサプライヤーから仕入れることが可能かもしれません。他方、特許で保護された技術を用いて作られる部品など特定の企業（ブランド）しか取り扱うことのできない原材料については、サプライ

ヤーの数は少なくなり、かつ単価も高価になりやすいといえます。このように、仕入れの対象となる原材料の特徴や入手環境を考慮する観点より、「仕入」の実行方法は大別して次の３種類に整理されます。

戦略的調達：サプライヤーとの長期的な取引関係に基づいて継続的に供給を受ける方法です。仕入の対象とする部品などを単に購買契約を通じて購入するだけでなく、サプライヤーと共同で開発するなど、緊密な関係性を構築して継続的に供給を受ける方法がとられる場合もあります。なお、この方法は高度な知的財産の共有を伴うことがあり、サプライヤーとの間に秘密保持契約などによって強化された信頼関係が存在することが前提となります。戦略部材のような供給可能なサプライヤーが限られており、かつ完成品の特徴を決定づけるようなキーコンポーネントの調達方法として適しているといえます。

ソーシング：複数のサプライヤーが存在することを前提として、より有利な取引条件を得られるサプライヤーから継続的に仕入の対象となる部品などの供給を受ける方法です。レバレッジ部材のような自社にとっての重要性が高く、かつ入手経路の代替性が高い材料などの調達方法として適しているといえます。

タクティカル・バイ：必ずしもサプライヤーを特定せず、市場取引などを通じて仕入の対象となる部品などを調達する方法です。コモディティ部材のような自社にとっての重要性が低く、かつ入手経路の代替性が高い材料などの調達方法として適しているといえます。

サプライヤー管理

上記のサプライヤーとの取引においてサプライヤーとの良好な取引関係を構築するうえで考慮すべき事項は次のとおりです。

- 信頼性（例：納期厳守）
- 柔軟性（例：ロットサイズ）
- 即応性（例：ジャストインタイム、納品リードタイム）。
- コンプライアンス（遵法性）

特に近年は、企業の社会的責任がより強く求められるようになっており、仕入れる側のメーカーにとっては自社だけでなく、サプライヤーとともに社会的な責任・倫理・ルールを遵守していることの重要性が増しています [3]。

column ● MRPの社会実装②
コンピューティング技術の進歩

　MRPが爆発的に普及したもうひとつの理由は、このコンセプトの実用性を担保し得る性能を持ったソフトウェアが次々と生み出されたことです。

　MRPのコンセプトを現実の世界に適用する手段としてのソフトウェアについては、オリッキーの勤務先でもあるIBMが1960年代末頃に製品化した「PICS=Production Information Control System」という6モジュール構成のパッケージソフトがその最初期のものの一つとして知られています。PICSは、1960年代初頭に製品化された同社の製造業向け個別生産管理ソフトウェア群（CLASS=Capacity Loading and Sequencing System、BOM=Bill of Materials、他）と、MINCOS=Material and Inventory Control Systemと呼ばれるMRPの計算アルゴリズムを含むソフトウェアを統合したものであったとされます[(4)]。さらに、PICSは1970年台中ごろまでに12モジュール構成のパッケージソフトCOPICS=Communication-Oriented PICSとしてアップグレードされたのち、当時IBM出身のエンジニアらが中心となって創業した独SAP社に引き継がれたことでも知られています。

　その後、オリッキーが提唱したMRPのコンセプトは1980年台にS&OP、マスタースケジューリング、RCCPといったより上位の意思決定を取り込む形でMRP II= Manufacturing Resource Planningに拡張され、1990年代にはCRMなどの領域を加える形でERP=Enterprise Resource Planningと呼ばれるようになりました[(5)]。そしてこの、より広い領域を視野に捉えたコンセプトは、21世紀初頭における急速なコンピュータの高性能化と情報通信技術の進化によって実用化が促進されていったのです。

　本書で紹介しているMP&Cは、このERPの領域を整理する概念としてもSCM実務家の間で広く用いられていますが、これにとどまるものではありません。MP&Cが視野に捉えるサプライチェーンのフロンティアは現在も拓かれ続けており、コンセプト群の標準化（コラム：MRPの社会実装① APICS／ASCMを通じたコンセプトの標準化　参照）と、実現手段としての技術の進歩・社会実装が両輪となってその普及を促進しているのです。

第 7 章

実行と管理：製造活動と品質

この章を読み終えると、以下の内容を理解することができます。

- 製造活動、製造活動の実行と管理とは何か
- 製造活動を構成する「計画」「実行」「監視」「制御」プロセス
- 品質、品質管理とは何か
- 主な品質管理手法の概要

7-1 製造活動の実行と管理

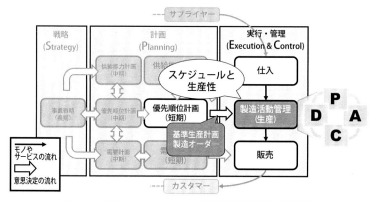

図7.1　MP&Cプロセスと製造活動管理の関係

製造活動

　「製造活動」とは、仕入活動で得た原材料を使用して、基準生産計画と製造オーダーを実行し、完成品を作って後続の販売活動に供給する活動です。

製造活動の実行と管理

　「製造活動の実行と管理」とは、製造活動をスケジュール通りに実行し、同時に生産性も高い水準で維持することを目的とした活動群と位置付けることができます[1]。そのためには、材料、作業者、機械、情報などの資源を効果的に活用し、遅延の見込みを早期に察知して、「何を」「どうするか」の是正措置を迅速に決める仕組みを持つことが重要と言えます。この仕組みは計画（Plan）、実行（Do）、監視（Check）、制御（Action）の4つの基本プロセス群で構成されています。MP&Cプロセスとの関係を**図7.1**に記します。

　計画プロセスでは、利用可能状況を考慮して、ヒト、モノ、設備を準備します。製造活動の実施状況が計画から大きく乖離した場合など、必要に応じて基準生産計画や製造オーダーの予定を見直すこともあります。実行プロセスでは、製造に必要な書類を準備し、必要な資源が揃っていることを確認し、製造

現場に対してオーダーをリリースして、計画を実行に移します。監視プロセスでは、計画と実績を比較して、差異が発生する場合は、その原因を調査します。制御プロセスでは、スケジュール変更や優先順位変更などの修正措置を必要に応じて提案、実施します。

製造活動に要する時間の把握とリードタイム

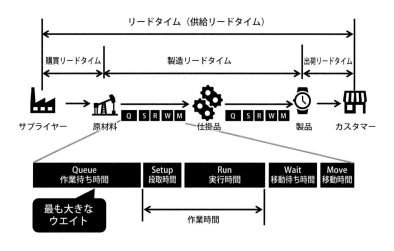

図7.2　リードタイムとその構成要素

　製造活動管理に関するキーワードとしてリードタイムについて説明します。リードタイムとは、1-3「さまざまな供給体制」で触れたように原材料の発注から納品に至るまでの一連の作業を実行するのに必要な時間の合計のことです。これを本書では、供給リードタイムと呼んでいます。供給リードタイムは大別して購買リードタイム、製造リードタイム、出荷リードタイムの3つの要素により構成されます。これらのうち、製造リードタイムは、作業待ち時間、段取時間、実行時間、移動待ち時間、移動時間の5つの要素により構成されます[2]（**図7.2**）。製造リードタイムの構成要素のうち、一般的に作業待ち時間がもっとも大きなウエイトを占めるといわれています。製造活動を要素別に分解し、それぞれの活動時間を把握することで、製造活動の実行と管理を行ううえでの基礎情報とすることができます。

145

計画プロセスで実施すること

　計画プロセスでは、基準生産計画、および資材所要量計画の結果作成される製造オーダーを実行するために、まず必要な人、モノ、設備を準備します。次に、所要量計算の結果作成されたオーダーに対してスケジューリングを行い、オーダーの実施順番を決定します。また、制御プロセスの結果により、スケジュール変更や優先順位を変更する必要が生じた場合は、既存の計画を変更します。

スケジューリング

　所要量計算の結果として作成されるオーダーは、タイムバケットと呼ばれ、週や日で区切った単位でまとめて作成されます。オーダーに対して、日単位や時間単位で、実施順番を決定するプロセスのことをスケジューリングと呼びます[3]。納入日程を守り、人、モノ、設備などの資源を効率的に利用することがスケジューリングの目的です。

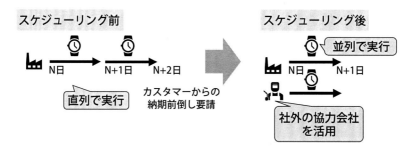

図7.3　スケジューリング例

　図7.3を使ってスケジューリング例を説明します。左の図ではスケジューリング前は、着手予定日がN日とN+1日の製造オーダーが2件、直列で計画されているものとします。もっとも遅いオーダーの完了予定日はN+2日です。カスタマーからの納期前倒し要請があり、それに応えるため、社外の協力会社を

活用してN+1日にはすべてのオーダーの製造活動を完了できるようスケジューリングしたのが右の図です。終了予定日を1日分短縮しています。

基本的なスケジューリング手法

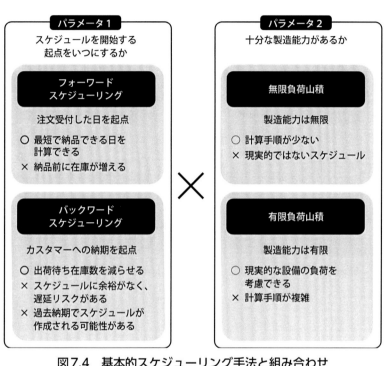

図7.4　基本的スケジューリング手法と組み合わせ

　スケジューリングには4つの基本的な手法があります。所要量計算の結果確定したオーダーを、実行現場の担当者が受付した日を起点としてスケジュールを立てる「フォワードスケジューリング」と、カスタマーへの納期から逆算してスケジュールを立てる「バックワードスケジューリング」があります。また、十分な製造能力があると仮定する「無限負荷山積」と、製造能力には限界があると仮定する「有限負荷山積」の2つがあります[4]。

　スケジューリングするにあたっては、「フォワードスケジューリング」と「バックワードスケジューリング」から1つを選択し、「無限負荷山積」と「有限負荷山積」から1つを選択して組み合わせます。組み合わせのパターンは合

計2×2＝4とおりあります（**図7.4**）。それぞれの方式には長所と短所があり、スケジュールの目的に応じて使い分けます。図中に記した長所（○）と短所（×）を説明していきます。

フォワードスケジューリング

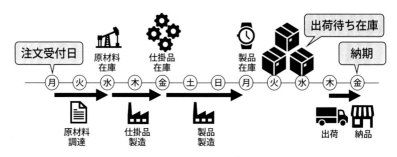

図7.5　フォワードスケジューリング

　注文を受付した日を起点に、原材料調達、仕掛品製造、製品製造、出荷、納品の順番で前詰めしてスケジュールを立てる手法です（**図7.5**）。長所は、製品を最短でカスタマーに納入できる日が分かることです。短所は、製品が納期前に完成するため出荷待ち在庫が増加する傾向があることです。

バックワードスケジューリング

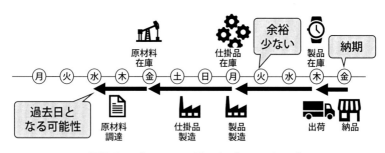

図7.6　バックワードスケジューリング

　カスタマーへの納期を起点に、製品製造、仕掛品製造、原材料調達の順番で遡ってスケジュールを立てる手法です（**図7.6**）。長所は、納期に間に合うために遅くともいつ開始すべきかを把握できることと、納期ギリギリに製品在庫を

作るため、出荷待ち在庫を減らせることです。短所は、一部の工程に遅延が発生するとカスタマーへの納期遅延に直結することと、注文受付日から数えて総リードタイムに満たない無理な納期設定をした場合、実施不可能な過去日が予定日となるスケジュールが作成されてしまうことです。

無限負荷山積、有限負荷山積

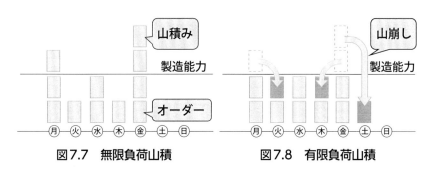

図7.7　無限負荷山積　　　　図7.8　有限負荷山積

無限負荷山積とは、製造能力が十分にあると仮定して、利用可能な製造能力は考慮せずに、特定の時間間隔ごとに必要とされる製造オーダーを割当するスケジューリング手法です（**図7.7**）。長所は、製造能力を考慮してオーダーを並べ替える手順が省略されているため、計算手順が少ないことです。短所は、製造能力を超えた場合に現実的ではないスケジュールとなる可能性があることです。残業をする余力や利用可能な設備が余分にある場合など、生産能力に十分余剰がある場合に使用します。時間間隔ごとに必要とされる負荷を積算することを「山積み」と呼びます。

有限負荷山積とは、製造能力以上には製造オーダーを割当しないスケジューリング手法です。特定の時間間隔ごとに必要とされる製造オーダーが製造能力を超えた場合、製造能力に余裕がある別の日に割り当てします（**図7.8**）。長所は現実的なスケジューリングができることです。短所は、計算が複雑になることです。製造能力を超えて計画されている製造オーダーを、製造能力に余裕のある別の日にずらし、ある一定の期間における負荷をならすことを「山崩し」と呼びます。

その他スケジューリング手法

　その他のスケジューリング手法を3つ紹介します。1つめは、**ドラム・バッファー・ロープスケジューリング**です。製造能力が要求に満たない工程をボトルネック工程と呼び[5]、その工程に合わせて工程全体をスケジューリングします。制約理論を解説した小説「The Goal」では、ボトルネック工程を「ドラム」、ドラムが止まらないための余裕を「バッファー」、ドラムの進捗コントロール手段を「ロープ」に喩えています（**図7.9**）。

　また同書では「一番ゆっくり歩く人のペースによって列全体のスループットが決まる」[6]と述べ、一番ゆっくり歩く人（ボトルネック）が休まないように全神経を集中しています。スループットとは、製造業のビジネスでいうと、販売を通じてお金を得る割合を意味します。第10章（原価）でも触れます。

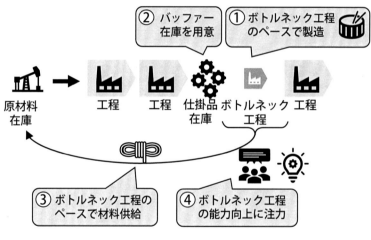

図7.9　ドラム・バッファー・ロープスケジューリング

　次の①～④の手順で進めます。

①ドラム：ボトルネック工程のペースで製造します。

②バッファー：ボトルネック工程の前に在庫を積み、ボトルネック工程がアイドルしないようにします。

③ロープ：ボトルネック工程の前に仕掛が溜まらないように、ボトルネック工程の能力に合わせて原材料を供給します。

④ボトルネック工程の能力向上に注力します。

2つめは**オーバーラッピング**です。あるオーダーの作業がすべて完了する前に次のオーダーの作業に着手することで、リードタイム短縮をねらうスケジューリング手法です。リードタイムは段取り時間、実行時間、移動待ち時間、移動時間など、要素別に分解します。

図7.10では、X月Y日にオーダー#001と#002が山積みされ、製造能力を超過しています。もしオーダー#002を山崩しして別の日に実行すると、オーダー#001と#002を完了するのに2日間を要することになります。そこで、リードタイムを段取時間、実行時間、移動待ち時間、移動時間に分解し、オーダー#001の作業がすべて終了する前にオーダー#002をオーバーラッピングすることにより、1日で2つのオーダーを完了できるようにしています。

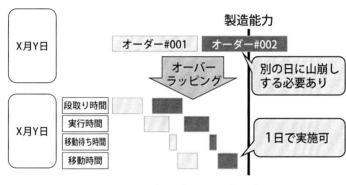

図7.10　オーバーラッピング

3つめは**分割**です（図7.11）。1つのオーダーを分割して複数のワークセンターに分散して同時に実行し、ワークセンターあたりの製造数を減らすことでリードタイム短縮をねらうスケジューリング手法です。

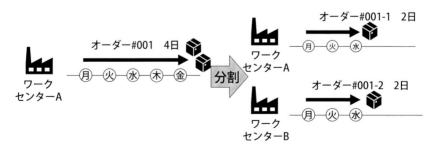

図7.11　分割

実行プロセス

実行プロセスで実施すること

　実行プロセスでは、まず製造責任者が、製造を実行するために必要な書類一式を揃えます。続けて製造責任者が製造するために必要なヒト、モノ、設備が利用可能であるかをチェックし、利用可能であることを確認して製造担当者に対して製造の実施を許可します。製造担当者は、製造責任者から製造の実施許可を受けて製造作業を実施します。

製造を実行するために必要な書類

　製造現場の担当者が、製造作業の実施承認が取れたことを確認し、製造を実行するために必要な書類一式のことをショップパケットと呼びます[7]。ショッ

表7.1　ショップパケットを構成する書類の一覧

目的	書類名	補足
製造全体を承認	製造指図書	製造指図番号、品名、説明、数量などを記載した帳票。
製造手順を確認	技術設計図	設計図面。
	部品表	親の品目と子の品目の数量の関係を示した帳票。
	加工手順書（工程表）	実施すべき作業、使用する設備、使用する工具類、使用する材料、段取時間、作業時間を記載した帳票。
個別動作を承認	材料払出票（ピッキングリスト）	倉庫から製造工程に材料を引き出すことを承認し、実施結果を記録するための帳票。
	工具払出票	工具置き場から工具を引き出すことを承認し、実施結果を記録するための帳票。
	作業記録票（ジョブチケット）	作業の実行を承認し、製造作業別に着手予定日/実績日、完了予定日/実績日を記録するための帳票。
	検査記録票	検査の実施を承認し、実施結果を記録するための帳票。
	移動票	製造完了した品目の移動を承認し、記録するための帳票。

プパケットを構成する書類には3つの目的があります。それは、製造全体の承認、製造手順の確認、個別動作の承認です。製造全体を承認するための書類には製造指図書があり、製造手順を確認するための書類には技術設計図、部品表、加工手順書があります。個別動作を承認するための書類には材料払出票、工具払出票、作業記録表、検査記録表、移動票があります（**表7.1**）。

製造の実施を許可する手順

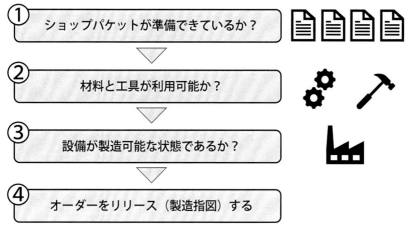

① ショップパケットが準備できているか？

② 材料と工具が利用可能か？

③ 設備が製造可能な状態であるか？

④ オーダーをリリース（製造指図）する

図7.12　オーダーリリース（製造指図）手順

製造現場の担当者に対して製造の実施を許可することを、オーダーリリース、または製造指図と呼びます。オーダーをリリースするためには4つのステップを踏みます[8]。（**図7.12**）

ステップ1では、ショップパケットに必要な書類が揃っているかを確認します。ステップ2では、ショップパケットに記された材料と工具が利用可能かを確認します。ステップ3では、設備が利用可能な状態であるかを確認します。具体的には、設備の故障有無、およびその設備で着手されているオーダーが遅延しているかを調べます。故障や遅延が見られる場合は、スケジュール変更や作業中オーダーの残業や支援、オーダーの優先順位変更などの対応を取ります。1、2、3のすべてがOKであれば、ステップ4で製造指図を出します。

製造指図は、必要な材料や設備がすべて揃ってから出します。一部が揃っていない状態で製造指図すると、材料の到着待ちや設備の空き待ちなどにより工程内に仕掛として残る時間が増加して予定どおりのリードタイムで製造することができなくなる可能性が高くなります。そうすると、後に続くオーダーにも遅延が発生し、納期遅れとなるオーダーが増え、結果として顧客サービスレベルの低下につながる可能性があるからです。

製造作業を実施する手順

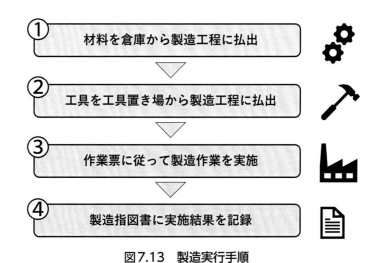

図7.13 製造実行手順

オーダーがリリースされた後は、製造現場の担当者はショップパケットに記載されている指示に従い製造作業を実施します。製造作業を実施するには4つのステップを踏みます（図7.13）。

ステップ1では、材料払出票の記載に基づき、材料を倉庫から製造工程に払出します。実施後には品目、払出実績日、実績数を記録します。ステップ2では、工具払出票に基づき、工具を工具置き場から製造工程に払出します。実施後に工具名、払出実績日、実績数を記録します。工具の使用完了後に工具を工具置き場に戻し、その事実を工具払出票に記録します。ステップ3では、作業票に従い製造作業を実施します。実施後に作業実績日、作業名、作業時間を記録します。最後に、ステップ4では、製造が完了したら製造指図書に実施結果

をとして着手実績日、終了実績日、製造数、不良数などを記録します。

　もし製造作業が完了した時点で払出した材料が余った場合は、材料払出票に記録した後、余った材料を倉庫に戻します。

リードタイムの構成要素

　7-1で触れたリードタイムの構成要素を**表7.2**で説明しています[9]。

表7.2　リードタイムと構成要素の説明

構成要素	説明
リードタイム Lead time	一連の作業を実行するのに必要な時間の合計。総リードタイム（Total lead time）も同義。
製造リードタイム Manufacturing lead time	購買リードタイムを除く、1つの品目を製造完了するまでの合計時間。受注生産においては製造指図を発行してから最終顧客に出荷するまでの時間を、見込生産においては製造指図を発行してから完成品在庫になるまでの時間を指す。
作業待ち時間 Queue time	段取や作業実施前の待ち時間。
作業時間 Operation time	段取時間と実行時間の合計。
段取時間 Setup time	特定の製造ラインにおいて、製造品をある品目から別の品目を生産するための切り替えに要する時間。
実行時間 Run time	1個あるいは1ロットを処理するのに要する時間。段取時間は含まない。
移動待ち時間 Wait time	作業完了後、次の作業工程に移るまでの待ち時間。
移動時間 Move time	作業工程から別の作業工程に移動するのに要する時間。
購買リードタイム Purchasing lead time	購買品調達に要する時間の合計。注文準備、購買指示、サプライヤーの作業時間、輸送、入荷、検収、格納時間が含まれる。
出荷リードタイム Shipping lead time	出荷地点から着荷地点まで商品を移動させるために要する時間と、着荷地点での検収に要する日数の合計。受注生産においては、製造リードタイムに含まれる。

7-4 製造活動管理 監視・制御プロセス

監視・制御プロセスで実施すること

　監視プロセスでは、製造実績を測定し、製造を計画したときの値と比較して差異が許容範囲内かどうかを判断します。制御プロセスでは、差異が許容範囲を超えた場合は原因を調査し、併せてスケジュールにおよぼす影響を小さくするための行動をとります。具体的な行動には3種類があります。(1)優先順位管理、(2)インプット/アウトプット管理、(3)フロー制御（ライン生産や連続プロセス生産の場合）です。

(1)優先順位管理

　優先順位管理とは、状況に応じてオーダーを実行する優先順を変更して、オーダーを実行する順序の変更を製造担当者に伝えるプロセスのことです[10]。図7.14では優先順の変更が必要になる状況を例示しています。優先順の変更結果は、ディスパッチリストを用いて製造担当者に伝えます。

> カスタマーから納期、数量変更の連絡を受けた場合。

> 製造に使用する材料がサプライヤーより納入される日が予定よりも早い場合、または遅い場合。

> 製造プロセスの実施結果として不良の発生が予定よりも多い場合、または少ない場合。

> 同じワークセンターに同じ納期のオーダーが複数発生した場合。

図7.14　オーダーを実行する優先順の変更が必要になる状況例

ディスパッチング、ディスパッチリスト

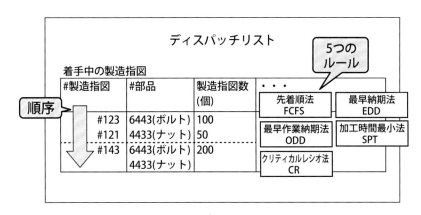

図7.15　ディスパッチリストイメージ

　作業すべき製造指図を優先順位づけする作業のことをディスパッチングと呼び、優先順位づけした結果を製造現場の作業者に伝えるための書類をディスパッチリストと呼びます[11]（**図7.15**）。日本語ではそれぞれ差立て、差立てリストと呼びます。製造責任者が毎日ディスパッチリストを更新して製造作業者に伝えます。ディスパッチングには5つの手法があります。それぞれ特徴があり、目的に応じて使い分けします[12]。（**図7.16**）

ルール	実行方法	納期	作業時間	特徴
先着順法 FCFS	仕事を受け入れた順 First come, first served	無視	無視	計画精度が高く製造の進歩が安定しているとき効果あり。
最早納期法 EDD	顧客への納期が早い順 Earliest job due date	考慮	無視	基本的なMRPの出力結果。 長時間を要する製造が遅れやすい。
最早作業納期法 ODD	作業終了予定が早い順 Earliest operation due date	考慮	考慮	作業の納期が製造現場にわかりやすい。
加工時間最小法 SPT	作業時間が短い順に実行 Shortest process time	無視	考慮	もっとも多くの件数を処理可。 長時間を要する製造が遅れやすい。
クリティカルレシオ法 CR	納期までの残/必要な時間の小さい順 Critcal ratio	考慮	考慮	納期が遅れているオーダーを可視化できる。

図7.16　ディスパッチングルール

●先着順法（FCFS）：製造指図を受け入れた順に実行します。納期、作業時間いずれも考慮されません。計画精度が高く製造の進捗が安定しているときに効果があります。

●最早納期法（EDD）：カスタマーに対する納期が早い順に実行します。納期は考慮し、作業時間は考慮されません。作業時間を考慮しないため、長時間を要する製造が遅れやすい特徴があります。

●最早作業納期法（ODD）：作業を実行するワークセンターでの作業終了予定日が早い製造指図から順に実行します。納期、作業時間、いずれも考慮します。作業の納期が製造現場にわかりやすい特徴があります。

●加工時間最小法（SPT）：作業時間が短い順に実行します。納期は考慮されず、作業時間を考慮します。他の方法と比べると、実行できる製造指図の件数が最大になります。長時間を要する製造が遅れやすい特徴があります。

●クリティカルレシオ法（CR）：カスタマーへの納期までに残された日数÷納品までの残作業を完了するために必要な日数をクリティカルレシオ（CR）と呼びます。CRが小さい順に実行します。CR値とスケジュール進捗状況の関係は**表7.3**に記します。

$$CR = \frac{納期までに残された日数}{納品までの残作業を完了するために必要な日数}$$

表7.3　CR値とスケジュール進捗状況の関係

CR	スケジュールとの関係
0以下	カスタマーへの納期遅れが確定しています。
0より大きく1未満	スケジュールから遅れています。
1	スケジュールどおりです。
1より大きい	スケジュールより早く進捗中です。

表7.4では、4つの製造指図に対して5種類のディスパッチングルールをそれぞれ適用した場合の優先順位シミュレーション結果をまとめています。どのディスパッチングルールを採用するかによって、製造指図を実行する優先順位は大きく変わります。FCFSでは、もっとも早く製造指図を受け入れた#121が最優先になっています。EDDでは顧客に対する納期がもっとも早い#123が、ODDでは作業終了予定日がもっとも早い#123が、SPTでは作業リードタイムがもっとも短い#144が、CR法ではもっとも値が小さい#123が最優先になっています。

表7.4　ディスパッチングシミュレーション結果

（今日の日付：3/18）

#製造指図	ワークセンターへの到着日	作業リードタイム	作業終了予定日	オーダーの納期	残作業に必要な日数	CR	優先順位シミュレーション結果				
							FCFS	EDD	ODD	SPT	CR
#123	3/11	5	3/16	3/17	2	-0.5	2	**1**	**1**	2	**1**
#121	3/10	10	3/20	4/1	15	0.9	**1**	4	3	4	2
#143	3/14	7	3/21	3/26	8	1.0	3	2	4	3	3
#144	3/18	1	3/19	3/28	1	10	4	3	2	**1**	4

CR法の計算式、進捗状況は**表7.5**に補足します。

表7.5　製造指図番号別のCR法の計算結果と進捗状況一覧

#製造指図	CR計算式、結果	進捗状況
#123	(3/17-3/18)/2=-0.5	カスタマーへの納期遅れが確定しています。
#121	(4/1-3/18)/15= 0.9	スケジュールから遅れています。
#143	(3/26-3/18)/8= 1.0	スケジュールどおりです。
#144	(3/28-3/18)/1= 10	スケジュールより早く進捗中です。

⑵インプット／アウトプット管理

　製造設備へ原材料を投入する量と、製造設備から完成品が産出される量をモニタリングし、投入量と産出量のバランスが取れた状態を維持できるようコントロールする手法をインプット／アウトプット管理と呼びます[13]。目的は、加工待ち時間を一定のレベルに保ち、リードタイムの変動を最小限にすることです。

　投入速度は、それを上げすぎて仕掛在庫が増えすぎないように、逆に下げすぎてワークセンターがアイドルしないように、製造オーダーのリリースタイミング変更や、スケジュールを変更することにより制御します。産出速度は、作業員の追加・削減、設備の増強・削減など、ワークセンターの製造能力を増減することにより制御します。

　投入量と産出量のバランスはインプット／アウトプットレポートを作成して把握します。インプット／アウトプットレポートは、投入量、産出量、注文残、それぞれの計画値と実績値を「時間」に換算して、差異を比較したレポートです（図7.17）。

　①では注文残を徐々に減らし3月5日に0にする計画を立てています。しかし②では投入量の実績値が常に計画値を超過し、③では産出量の実績値が常に計画値を下回り、その結果、④では注文残は増加したことを示しています。注文残＝前日注文残＋投入量－産出量で、累積差異＝実績－計画で計算しています。

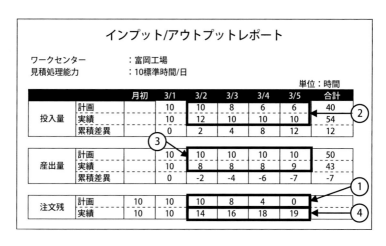

図7.17　インプット／アウトプットレポート

160

⑶フロー制御（ライン生産方式や連続プロセス生産方式の場合）

　ベルトコンベアなどで運ばれてくる原材料や構成部品を使って流れ作業により製品を組み立てるライン生産方式や、化学薬品や石油など、粉体や液体を原料としてプラントで連続的に処理して製品を作る連続プロセス生産方式では、製造ラインが最大の能力で動作することを前提にプロセスが設計されている場合があります。この場合は投入速度を増減することも産出速度を増減することも難しく、本章で示すインプット／アウトプット管理を適用することができません。そのため、投入量、産出量をコントロールするには製造プロセス全体を再設計するか、製造ラインを追加／廃止する必要があります[14]。

実施結果の報告、フィードバック

　製造活動管理プロセスの結果として作成される主な報告書を**表7.6**にまとめます[15]。これらの報告書を用いて、作業の進捗や製造完了数、不良数などの実績と、製造開始前の想定に差異があるかを把握します。必要に応じてスケジュール変更や優先順位変更など、修正措置を提案、実施します。

表7.6　主な製造活動報告書の一覧

報告書	主な報告内容
オーダーステータス	ワークセンターごと、または部門別に、製造指図番号ごとの製造開始日と製造完了日の差異。
例外報告書	製造完了数、不良数、再加工（リワーク）数の計画数との差異。作業の遅延件数、時間。材料不足による待ちの発生件数、時間。
在庫ステータス	製造指図数、完成数と、手持ち在庫、仕掛在庫数、完成品在庫数の推移。
作業報告書	製造に要した労働時間、および給与計算に使う労働時間。
設備稼働報告書	機械別の稼働率と休止時間（ダウンタイム）。
財務会計報告書	仕掛品数量、完成品数量、間接費配賦のための労働時間、発注費用など。

品質とは

　品質（Quality）とは、モノやサービスの特性が要求事項を満たす度合いのことです。主な要求事項は製品視点、利用者視点、製造視点、価値視点の4つに分類できます[16]。製品視点では、製品の特性が要求事項に適合している度合いを指します。利用者視点では利用目的に適合しているか、製造視点では製造要件に適合しているか、価値視点では価格に見合った価値があるかの度合いを指します。（**表7.7**）

表7.7　品質に関する4つの主な要求事項

要求事項の分類	説明
製品視点	製品の特性に適合しているか
利用者視点	利用目的に適合しているか
製造視点	製造要件に適合しているか
価値視点	価格に見合った価値があるか

品質管理とは

　品質管理（Quality control）とは、モノやサービスが品質要求を満たしているかを測定、評価するプロセスのことです[17]。計画（Plan）、実行（Do）、監視（Check）、制御（Action）の4つのプロセス群で構成されます。計画プロセスでは要求される品質の特性標準を決定し、実行プロセスでは実績を測定し、監視プロセスでは品質の特性標準の実績値と計画値を比較し、許容範囲を超える差異が見られる場合は原因を調査します。制御プロセスでは必要に応じて修正措置を実施、提案します。これらプロセスを繰り返すことで継続的に改善する手法はPDCAサイクルとして知られています。

　なお、モノやサービスが品質の要件を確実に満たすことができるようにするための計画的かつ体系的な一連の活動を品質保証（Quality assurance）と呼ぶことがありますが、世界標準のSCMにおいては品質管理と品質保証は区別せずに用いられていることもあり[18]、本書では品質管理、および品質保証に相当する表現を品質管理に統一しています。

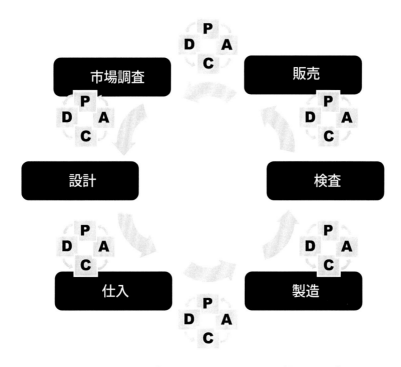

図7.18　SCMプロセスのサイクルと品質のループ

　市場調査によりカスタマーの要件を把握し、製品を設計し、仕入、製造、検査、販売プロセスを経てカスタマーに届け、カスタマーからのフィードバックを得て新しい製品の設計や製品の改善に組み込む、これら一連のSCMのプロセス群を1つのサイクルとしてとらえ、各プロセスで品質管理PDCAサイクルを繰り返すことを品質のループと呼びます[19]（図7.18）。SCMにおけるすべてのプロセスで品質管理が必要であるという考え方に基づいています。品質というと、製造完了後の検査（Inspection）を意識しがちですが、検査だけでは品質管理の効果は限定的といえます。

7-6 品質管理
主な品質管理手法の概要

　本節では、主な品質管理の手法として、カイゼンとTQM、QFD、および
QC7つ道具としてチェックシート、パレート図、特性要因図、フローチャー
ト、ヒストグラム、管理図、散布図について概要を説明します。

カイゼンとTQM

図7.19　カイゼンのイメージ　　図7.20　TQMのイメージ

　カイゼンとは、ボトムアップ型のアプローチによる継続的品質管理手法のこ
とです（**図7.19**）。製造業においては、主に機械や作業者や生産方法のムダを
発見し除外することを目的としています。カイゼンは、まず改善すべきプロセ
スを発見し、次いで現状のデータを収集、分析することであるべき姿を設定
し、実施し、それを続ける、というステップで進めます。

　TQMとは、顧客満足を通じて長期的な成功を収めるため、企業のトップが
制定した経営戦略をブレイクダウンして品質目標、顧客満足度目標まで落とし
込んで全社的に展開する、トップダウン型のアプローチによる品質管理手法の
ことです（**図7.20**）。ボトムアップ手法でカイゼンし続ける考え方を参考に、ア
メリカの風土に合うようにトップダウン型の意思決定プロセスを取り入れてい
ます。製造プロセス、製品、サービス、職場の文化など、すべてのプロセスに
おいて全従業員が品質管理活動に参加することを基本としています。正式名称
をTotal Quality Managementと呼び、日本語では総合的品質管理と呼びます。

QFD

QFDとは、新製品を開発するにあたって、カスタマーの要求をもとに、どうすればカスタマーの要求する品質を実現できるかを明確化し、設計、製造プロセスの要求品質を設定することを目的とした品質管理手法です。正式名称をQuality Function Deploymentと呼び、日本語では品質機能展開と呼びます。品質機能展開は3つのステップで進めます（**図7.21**）。

品質特性	材料投入速度	撹拌速度	最大粉砕可能量	粉砕速度	最大溶解可能量	溶解速度	濃度測定誤差	重要度	自社製品	A社製品	B社製品	企画品質
取り込む	◎							3	3	3	4	3
拡販する		◎						4	4	4	2	4
すりつぶす			◎	△				5	2	3	2	4
溶解する					◎	○		3	3	3	5	3
濃度を一定に保つ							◎	3	3	3	2	3

①（材料投入速度〜濃度測定誤差）　②（重要度〜企画品質）

③ 設計・製造プロセス設計・見直し

図7.21　品質機能展開表QFD

ステップ1では、カスタマーの要求から展開した要求機能と品質特性をマトリクス化します。「要求機能」の項目では、カスタマーが期待する機能を抽出します。「品質特性」の項目では、カスタマーが期待する機能を実現するために必要な要件を抽出します。両者の関係性の強弱を◎○△などで表現します。

ステップ2では、まず要求機能の重要度を数値化します。重要度の右側に、自社製品と競合製品の現状の技術レベルを数値化します。「企画品質」欄には、重要度、および自社製品、影向製品の技術レベルを参考にして目指すべき品質を設定します。上図の例では「すりつぶす」機能を競合他社との差別化要因としてとらえ、重要度を高く設定し、競合よりも高い品質目標を設定しています。

ステップ3では、企画品質を実現するため、設計や製造工程プロセスの設計、見直しを行います。

165

QC7つ道具

　組織のプロセスを理解し、改善を助けることを目的として活用される7つの手法の総称をQC7つ道具と呼びます。QCとは、Quality Controlの略です。

　チェックシートとは、分類した項目ごとに調査結果の記録や、特定の種類のイベントが発生した回数や、所定の状態を満たしているかを点検するための手法です（**図7.22**）。項目を一覧化し、誰が見ても同じように点検、記録でき、作業の漏れがないかを確認できる表現にすることが重要といえます。

　パレート図とは、多数の事項の中から、大きな影響を占める少数の重要な問題を明確にするための手法です（**図7.23**）。評価軸を決め、その出現頻度の大きい順に棒グラフを並べ、塁積和を折れ線グラフで表示します。詳細な作成手順や活用例は第5章「SCMの観点から見た在庫」のABC在庫分析を参考にしてください。

受注番号	J-002	J-022
得意先名	東京電機	東京電機
製品コード	A001	A011
出荷指定数量	5	2
バーコード読込回数		/
得意先名が受注情報と一致	✓	✓
出荷数量が受注数量と一致	✓	✓
有効成分測定結果が添付	✓	
出荷判定	OK	NG

図7.22　チェックシート

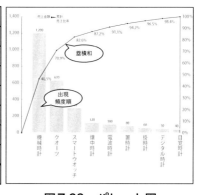

図7.23　パレート図

keyword

パレートの法則（Pareto's law）

　全体のごく一部の要素が全体の大きな割合を占めているという状態を示す経験則。イタリアの経済学者Vilfredo Paretoによって考案された。在庫に適用した場合、約20%の品目が在庫金額の80%を占めるとされている。

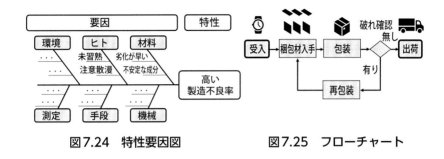

図7.24　特性要因図　　　　　図7.25　フローチャート

　特性要因図とは、問題になっている特性に対して、その結果に影響していると思われる要因を洗い出すための手法です（**図7.24**）。

　まず右端の「特性」欄に解決すべき問題を記載します。次に、左側の上下の端に大きな原因と考えられる「要因」を追加します。続けて、根本原因を調査するため、結果から原因につながる線を枝分かれさせ、関連する要因を記載し、根本的な原因が見つかるまで続けます。魚の骨の形に似ているところから、フィッシュボーン・チャートとも呼ばれています。またこの図法の考案者である石川馨にちなんでIshikawa diagramとも呼ばれています。漏れを減らすことを目的としたブレーンストーミングのツールとして使われることもあります。

　フローチャートとは、プロセスを把握し、改善すべき箇所を明らかにしたり、欠陥が発生する可能性が高いポイントを確認したりするための手法です（**図7.25**）。

　日本ではQC7つ道具として、フローチャートの代わりにグラフが含まれていることがあります[20]。目的はデータを視覚でわかりやすく説明するためで、例として、内訳を表す円グラフや帯グラフ、大小を比較する棒グラフ、推移を表す折れ線グラフ、レーダーチャートなどがあります。

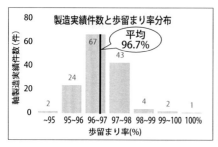

図7.26　ヒストグラム

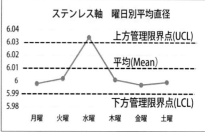

図7.27　管理図

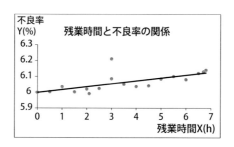

図7.28　散布図

　ヒストグラムとは、測定データが存在する範囲をいくつかの区間に分けて積み上げたもので、偏りやばらつきを認識するための手法です。工程で発生した異常値の把握や、規格や標準値との適合状態を把握するために用いられることがあります（**図7.26**）。

　管理図とは、製造工程が安定した状態を維持しているかどうかを判断するために、時系列で製造工程での実績値を測定して製造工程の傾向や、異常値を検知する手法です。（**図7.27**）。測定値には上限と下限を設定して正常か異常かを判断します。上限を上方管理限界点：UCL（Upper Control Limit）、下限を下方管理限界点：LCL（Lower Control Limit）と呼びます。管理限界点は任意の値ではなく統計的に設定し、通常、上限と下限の間に全体の99.7%が収まる範囲で設定します。この範囲を「±3シグマ」と呼ぶこともあります。シグマについては次のページで説明します。

　散布図とは、対になった2つのデータをX軸とY軸にプロットし、相互の関係を把握することで問題点を抽出したり、傾向をつかんだりする手法です（**図7.28**）。

シックスシグマ（Six sigma）

　シックスシグマとは、事業経営の中で起こるミスやエラー、欠陥品の発生確率を100万分の3.4（3.4/1,000,000）以下に抑え、その結果として高い顧客満足度を獲得することを目的とした、継続的な品質改革活動のことを指します[21]。

　ここでいう品質とは、顧客に提供する個別の製品・サービスだけでなく、製造プロセス、組織、人、システム、およびそれらの組み合わせまで含めた経営の全領域における活動の品質のことを指します。1980年代に米国モトローラ社によって体系化された手法です。

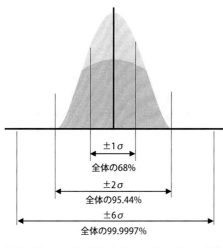

図7.29　シグマ値と全体に占めるデータ割合

表7.8　シグマレベルとエラー回数

シグマレベル	100万回あたり エラー回数
1	690,000
2	308,537
3	66,807
4	6,210
5	233
6	3.4

　シックスシグマという言葉は、統計学上ではばらつきを表現する標準偏差「σ（シグマ）」が起源となっています。データが正規分布している場合、±1σの中に全体の68.26%、±2σの中に全体の95.44%、±3σの中に全体の99.73%のデータが、±6σの中に全体の99.9997%のデータが収まります（**図7.29**）。

　良品率の計算にはシグマレベルという値を使用します。実際のシグマ値と製品管理におけるシグマレベルには乖離があり、シグマレベルと100万件あたりのエラー件数の関係はおおむね**表7.8**のとおりです。シグマレベルが6の場合は、100万回あたりのエラー回数が3.4回以下となる必要があります。

シグマレベルを使って良品率を計算してみます。たとえば、5つの工程を経て完成する製品があったとします。シグマレベルが3（99.73%）と6（99.9997%）の場合の、良品率は以下の計算により求まります。

・シグマレベルが3の場合
（0.997×0.997×0.997×0.997×0.997）=98.5%
・シグマレベルが6の場合
（0.999997×0.999997×0.999997×0.999997×0.999997）=99.9985%

最後に、DMAICという、シックスシグマの基本活動サイクルを説明します。「ディマイク」と呼びます。定義（Define）、測定（Measure）、分析（Analyze）、改善（Improve）、管理（Control）の5つの活動により構成されます。各活動の説明は、表7.9のとおりです[22]。

表7.9　DMAIC基本活動と説明

用語	説明
Define（定義）	顧客の声を起点としてスタートします。メール返信の遅さなど、顧客が不満を感じている点を欠陥とみなします。取り組む課題を明確にし、数値目標を定めます。
Measure（測定）	現状を把握するため、プロセスを測定し、データを収集します。
Analyze（分析）	定義した問題がなぜ発生しているのか、データを使って分析します。必要に応じて、QC7つ道具など使用します。
Improve（改善）	定義内容と分析結果を基に、費用対効果なども踏まえた変更案を作成します。試験的に運用して効果があるかうかを検証します。
Control（管理）	実際に活動し、定義した問題が解決に向かっているかを確認します。また活動が維持できているかも確認します。

第 8 章

実行と管理：販売

この章を読み終えると、以下の内容を理解することができます。

- ●販売、販売活動とは何か
- ●販売管理とは何か
- ●販売管理におけるデザイン活動、スケジューリング活動、コントロール活動

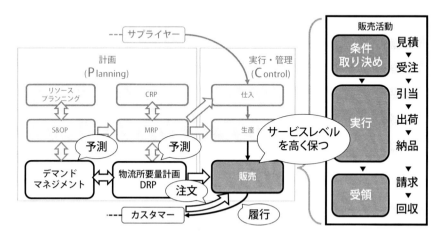

図8.1　MP&Cプロセスと販売活動の関係

「販売」とは

　「販売」とは、メーカーが、カスタマーとの合意に基づいてモノやサービスをカスタマーに提供して、対価として金銭債権を得ることとして整理できます。メーカーとカスタマーは、見積依頼または注文を起点として取引を開始し、「いつ、誰に、何を、いくつ、いくら」で販売するかなど、履行するための条件について合意を形成します。そして、この合意内容を相互に履行することで完了します。

販売活動とは

　「販売活動」とは、メーカーがカスタマーとモノやサービスを売買するための諸条件を合意し、これを提供して金銭債権を得るまでの一連の活動のことを指します。主な活動として、条件の取り決めに関連する活動には「見積」と「受注」が、実行に関する活動には「引当」と「出荷」と「納品」が、受領に

関連する活動には「請求」と「回収」があります。

　また、販売活動は2つのプロセスにより予測を立てています。1つめはデマンドマネジメントプロセスです。いつ、誰に、何を、いくつ、いくらで販売するかを予測しています。2つめは物流所要量計画（DRP）プロセスです。地域倉庫が把握している需要情報に基づく補充依頼を予測しています。これらは第3章でも説明しています。MP&Cプロセスと販売活動の関係を図8.1に示しています。

販売管理とは

　販売部門にとって「販売管理」とは、メーカーが「顧客サービスレベルを高く保つ」ための活動群と位置づけることができます。しかし、SCMの観点からはROIC向上に寄与するサービスレベルを維持するための一連の活動として整理されます。販売管理は、デザイン活動とスケジューリング活動、およびコントロール活動という3つの活動群から構成されます（図8.2）。

```
販売管理＝　デザイン活動　＋　スケジューリング活動　＋　コントロール活動
　　　　　　　　販売活動　　　　　　　　販売活動の　　　　　　　　販売活動の
　　　　　　　プロセスの設計　　　　　実施タイミング決定　　　　実施・評価・是正
```

図8.2　販売管理とは

　販売管理におけるデザイン活動とは、販売活動のプロセスを設計する活動のことを指します。スケジューリング活動とは、見積から始まり回収に至るまでのそれぞれの販売活動を実施するタイミングを決める活動のことを指します。コントロール活動とは、スケジューリングした結果に従い販売活動を実行し、結果を評価し、必要に応じて是正する一連の活動のことを指します。次節からは、それぞれの活動を掘り下げて説明します。

8-2 販売管理におけるデザイン活動

　販売管理におけるデザイン活動では、販売活動の特徴に応じて、いつ、誰が、どうやって実施するかを決定します。

　デザイン活動において考慮すべき要素は、生産形態の違い、カスタマーに直販するか代理店を経由するかなどの販売チャネルの違い、生産、物流拠点の配置、すなわちサプライチェーンネットワーク、輸送形態の違いなどが例として挙げられます。本節では、生産形態と販売活動のプロセスの関係について説明します。

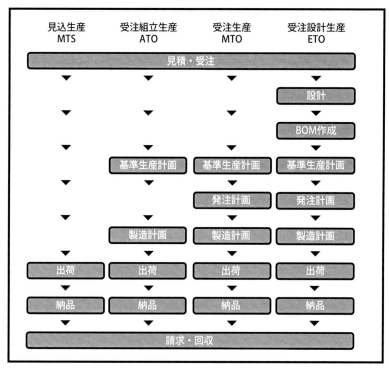

図8.3　生産形態の違いによる販売活動の分類

生産形態の違いによる販売活動の分類

　生産形態の違い（2-2「サプライチェーンの戦略的意思決定の例（社内）」）により、販売活動のプロセスは大きく4つのパターンに分類することができます（図8.3）。

(1) 見込生産（MTS）

　1つめのパターンは見込生産（MTS）の場合です。標準的な販売活動プロセスは次のとおりです。まず見積、注文を受付します。次に**あらかじめ定められた出荷・納品リードタイムをふまえて出荷予定日を決めます**。その日が到来したら出荷作業を開始し、納品します。履行条件を満たした後、代金を請求して回収します。これらプロセスをいつ、誰が、どのように実施するかを設計します。

(2) 受注組立生産（ATO）

　2つめのパターンは受注組立生産（ATO）の場合です。標準的な販売活動プロセスは次のとおりです。まず見積、注文を受付します。次に**受注した製品の基準生産計画を起案します。続けて、製品の製造リードタイムを加味して製品の完成予定日を把握します**。製品が揃ったら出荷作業を開始し、納品します。履行条件を満たした後、代金を請求して回収します。これらプロセスをいつ、誰が、どのように実施するかを設計します。

(3) 受注生産（MTO）

　3つめのパターンは受注生産（MTO）の場合です。標準的な販売活動プロセスは次のとおりです。まず見積、注文を受付します。次に**受注した製品の基準生産計画を起案します。続けて、受注に対応する原材料の発注計画、および仕掛品、製品の製造計画を起案します。必要に応じてMRPを実行します。原材料の購入リードタイム、仕掛品、製品の製造リードタイムを合算して、製品の完成予定日を把握します**。製品が揃ったら出荷作業を開始し、納品します。履行条件を満たした後、代金を請求して回収します。これらプロセスをいつ、誰が、どのように実施するかを設計します。

(4) 受注設計生産（ETO）

　4つめのパターンは受注設計生産（ETO）の場合です。見積、注文を受付した後、**製品の個別仕様を設計し、BOMを作成します**。以降は受注生産（MTO）と同様です。

8-3 販売管理における スケジューリング活動

販売管理におけるスケジューリング活動では、デザイン活動で決定した販売活動のそれぞれを実施する予定日・時刻を決定します。スケジューリング活動は、カスタマーから注文または見積依頼を受けた時点で実施します。

ERPなどのソフトウエアを利用すると、MTS、ATO、MTOにおいては、あらかじめソフトウエアに設定したリードタイムにより実施予定日や時刻は人手を介さずに自動で決められることが多い場合もありますが、ETOにおいては、リードタイムなどがソフトウエアに設定されていないことが多く、マニュアルで実施予定日や時刻を決めることのほうが多いようです。

いつ納品するかをスケジュールした時点で顧客に納期を回答することがあります。納期回答に関連する概念としてATP、CTPを説明します。

ATPとは

ATPとは、注文を受付したときに引当可能な在庫数のことを指す概念です。正式名称は Available-to-Promise [2] です。日本語では、納期回答または引当可能在庫数など、書籍によりいろいろな訳され方をしています。直訳すると納期回答可能数なのですが、計算式は引当可能在庫数を意味しています（**図8.4**）。和訳が難しい概念でもあり、和訳せずにそのままエーティーピーと呼ぶこともあります。

$$\text{ATP (Available-to-Promise)} = \text{手持ち在庫数} + \text{入庫予定数} - \text{受注引当済数}$$

図8.4 ATP

ATPは、品目別、および在庫引当可能な範囲別に計算します。たとえば、カスタマーから注文を受け付けた際に、引当可能な範囲内にある拠点には注文を満たす数量の在庫が無かったとします。そのとき、仮に引当可能な範囲とは別の拠点に在庫があったとしても、その在庫はATPには含まれません。

CTPとは

CTPとは、注文を受付したときに、新たに基準生産計画を作成するか、既存の生産計画を変更することにより製品が完成する予定日、予定数を指す概念です。正式名称はCapable-to-Promise[2]です。日本語では、生産可能在庫量、または引当可能計画数と訳されることがありますが、ATPと同様な理由でそのままシーティーピーと呼ぶことがあります。

CTPは注文を受付したときに引当可能在庫がない場合に求めます。たとえば、カスタマーから注文を受け付けした後に引当可能在庫がないことがわかり、注文に対応する基準生産計画を作成したとします。MRPを実行し、原材料の購買リードタイム、仕掛品、製品の製造リードタイムを加味して完成品在庫ができる予定日および予定数を把握したとします。これをCTPと呼びます。ATPと異なり、CTPに特定の計算式はありません（**図8.5**）。

| CTP
(Capable-to-Promise) | ＝ | 生産計画の新規作成、変更による完成予定数量・日付 |

図8.5　CTP

🔑keyword

プランニング（planning）

目標を設定し、それを実現するための方法を起案し、実行するために有限の資源を何に配分するかを選択するプロセスのこと。（例：ストラテジックプランニング：2章、デマンドプランニング：3章、サプライプランニング：4章）

スケジューリング（scheduling）

プランニングによって定められた活動の日程や時間割を作成する行為のこと。（例：マスタースケジューリング：4章、フォーワードスケジューリング、バックワードスケジューリング：7章）

planningとschedulingは、市販の辞書や翻訳サイトではいずれも「予定」や「計画」と訳される場合があり、日本語に訳す場合は混同しないように注意が必要です。

販売管理における コントロール活動

コントロール活動とは

　販売管理におけるコントロール活動では、スケジューリングした結果に従い販売活動を実行し、結果を評価し、必要に応じて是正措置を提案、実施します。コントロール活動は実行活動、評価活動、是正活動の3つに分類することができます。それぞれを説明します。

実行活動

　実行活動では、スケジューリングされた販売活動を実行し、いつ、何を実施したかの事実を記録します。基本的な販売活動と説明を**表**8.1に記載します。

表8.1　基本的な販売活動と説明

販売活動	説明
見積	購入を検討している人が正式に発注するかどうかを判断するために、商品の価格、数量、納期などを概算する行為です。正式注文前に購入見込み者に対して提示します。
受注	申し込みと承諾（表示意思の合致）により売買契約を成立させる行為です。
引当	特定のオーダーのために在庫を確保する行為です。
出荷	在庫を倉庫から顧客に向かって出す行為です。いつ、どの在庫をピッキングし、どのように梱包（パッキング）し、どの配送業者を使って、誰に出荷するかを出荷担当者へ伝え、その内容に基づいて出荷作業を実施します。
納品	あらかじめ取り決めした場所に注文を受けた商品または製品を届ける行為です。
請求	履行完了した注文について、代金の決済を求める行為です。
回収	請求した代金を受領する行為です。

評価活動

評価活動では、スケジュールどおりに実行されたかという点で実行結果を評価します。視野の違いにより評価活動は2つに整理できます。1つめは、個別のオペレーションを見て、それぞれの活動がスケジュールどおりに実行されたかを評価する方法です。2つめは工場、会社、サプライチェーン全体を見て評価する方法です。後者に関連する指標を**表8.2**に記載します[3]。

表8.2 主な評価指標

パフォーマンス評価指標	測定・評価の対象
変更オーダー件数/金額 numbers (amount) of changeorders	特定期間の変更オーダー件数または変更オーダー金額。スケジューリングの精度を評価するのに用いることがある。
返品率 rate of return	特定期間の受注件数または受注金額に対する返品件数または返品金額。返品によって減少する売上高を見積もる場合に使用することがある。
顧客サービスレベル customer service level 顧客サービス率 customer service ratio	顧客からの注文をスケジュールどおりに納品した割合を評価する指標。特定期間において、スケジュールどおりに納品した数量または金額と、納品予定数量または金額の合計との比。 $$顧客サービスレベル（数量基準）= \frac{特定期間にスケジュールどおりに納品した数量}{特定期間の納品予定数量}(\%)$$ $$顧客サービスレベル（金額基準）= \frac{特定期間にスケジュールどおりに納品した金額}{特定期間の納品予定金額}(\%)$$
オーダー充足率 order fill rate	見込生産品の場合は、特定期間において手持ち在庫から充足された顧客注文の割合。受注生産品の場合は、特定期間において納品予定どおりに納品した顧客注文の割合。
受注残 backlog	受注登録済で顧客に納入していないオーダー件数。
バックオーダー backorder	受注登録済で顧客に納入していないオーダー件数のうち、在庫切れが理由で待ちになっているオーダー件数。
注文履行リードタイム order fulfillment lead time	受注登録から原材料購買、製造などのステップを経て顧客が注文品を受け取るまでの平均時間。

是正活動

　是正活動では、評価活動の結果より必要に応じ是正措置を提案、実施します。評価方法と同様、視野の違いにより是正活動は2つに整理できます。1つめは、個別オペレーションを是正する方法です。スケジュールどおり進めるための活動と、スケジュールどおりに実施できないと判明した場合に、顧客満足度の低下を最小限に抑える活動に分類できます。2つめは、工場、会社、サプライチェーン全体で活動を是正する方法です。主な是正活動を**表8.3**に記載します。

表8.3　主な是正活動

視野	分類	主な是正活動
個別オペレーション	スケジュールどおり進める活動	優先順位の変更
		残業
		外注
		分割出荷・生産
	スケジュールどおりに実行できないと判明した場合の活動	スケジュールの変更
		納期回答の変更連絡
		値引き
		ペナルティ支払
工場、会社、サプライチェーン全体	管理者、経営者にフィードバックする活動	待ち時間分析と活用提案
		リードタイム見直し提案
		BOM見直し提案
		担当者のトレーニング提案
		新規採用の提案

🔑 keyword

パーフェクトオーダー（perfect order）

　注文時に取り決めした履行条件のうち、以下7つの条件が全て満たされたオーダー：正しい品物、正しい数量、正しい梱包状態、正しい納品場所、正しい日時、正しいカスタマー、正しい価格。

　企業がパーフェクトオーダーを実施する能力を測定する指標として、全体のオーダーのうち7つの条件が全て満たされたオーダーの割合を、パーフェクトオーダー履行率（perfect order fulfillment）と呼ぶ。

第 9 章

ロジスティクス

この章を読み終えると、以下の内容を理解することができます。

- ●ロジスティクスとは
- ●ロジスティクスの設計
- ●ロジスティクスの計画
- ●ロジスティクスの実行・管理

ロジスティクス

　私たちは日常、モノを消費しています。モノを作るための原材料を採取できる場所、モノが作られる場所、消費される場所に空間的な隔たりがあることがほとんどです。そのため、かならずモノの移動が発生します。先の6章で仕入を、8章で販売を説明した通り、原材料・部品・製品といったモノが移動するのです。本章で扱うロジスティクスとは、サプライチェーン上を動くモノの入出荷、入出庫、保管、流通加工（梱包、組立、小分け、タグ付けなど）をコントロールする機能を指します[1]。

ロジスティクスとMP&Cの関係

　MP&Cの枠組みを用いて、ロジスティクスをとらえてみましょう。MP&Cの実行・管理の領域のうち、仕入と販売でモノの移動が発生しますが、ロジスティクスが関係するのは実行・管理の領域だけでありません（**図9.1**）。戦略、計画、実行・管理の3つに分けて説明します。

　まず、戦略の領域では、事業計画を立てる際に検討されるサプライチェーンネットワーク設計を前提として、ロジスティクス設計が行われます。ロジスティクス設計を9-2「ロジスティクスの設計」で詳述しますが、それにはロジスティクスの活動配置、輸送手段、ロジスティクスサービスの調達方法が含まれます。

　次に、計画の領域では需要計画をインプットとして輸送需要計画、物流リソースプラニングが行われます。輸送需要計画は発着地別・品目別・荷姿別の輸送量を計画するものです。計画される内容は、たとえば、何月何日に地点Aから地点BまでパレットX枚分の製品を輸送するといったものです。その輸送需要計画に基づいて、物流リソースプラニングが行われます。物流リソースプランニングでは輸送需要を満たすために、たとえば、「積載能力10トンのトラックを来月に何台借りるか」といったことが計画されます。

　さらに、実行・管理の領域ではあらかじめ調達した物流資源を前提として

オーダー割当計画、実行、評価が行われます。オーダー割当計画とは、物流資源（トラック・鉄道コンテナ・海上コンテナなどの輸送手段、パレット・カゴ車などの輸送容器）に輸送オーダーを割り当てる計画を指します。

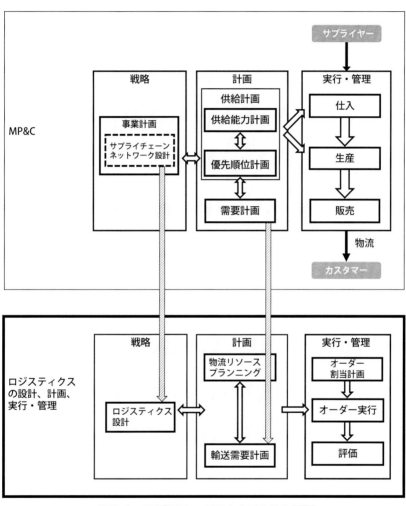

図9.1　ロジスティクスとMP&Cの関係

9-2 ロジスティクスの設計

サプライチェーンネットワーク設計との関係

　サプライチェーンネットワーク設計という業務領域があります。それは①生産・保管・出荷の能力配置、②拠点間のネットワーク、③ロジスティクスの活動配置、④輸送手段、⑤ロジスティクスサービスの調達方法の5つで構成されます（**表9.1**）。本項では③④⑤を取り上げます。

表9.1　サプライチェーンネットワーク設計とロジスティクス設計の関係

サプライチェーンネットワーク設計で決める事項	具体的内容	
①生産・保管・出荷の能力配置	どの能力をどこにどれだけ配置するか	
②拠点間のネットワーク	生産拠点と保管・出荷拠点をどのように結ぶか	
③ロジスティクスの活動配置	保管・仕分け・梱包・返品処理などの倉庫内活動をどの拠点で行うか、どの拠点間で輸送するか	ロジスティクス設計で取り扱う
④輸送手段	トラック、鉄道、海上、航空のどれを使うか	
⑤ロジスティクスサービスの調達方法	ロジスティクスサービスをどこから調達するか	

ロジスティクスの活動配置

　ロジスティクスの活動は大きく2つに分かれます。1つは異なるノード間でモノを運ぶ活動で輸送と呼ばれます。もう1つは倉庫の中で行われる活動です。**図9.2**は、在庫を持つ倉庫の中で行われる活動を時間順に示したものです[2]。上段は保管型センターでの活動の流れ、下段は通過型センター（クロスドック）での活動の流れを図示したものです。保管棚に格納することを入庫、保管棚から取り出すことを出庫（ピッキング）と呼びます。図9.2には記載していませんが、インターネットを利用しての購入の増加にともなって返品処理という活動が増えています。

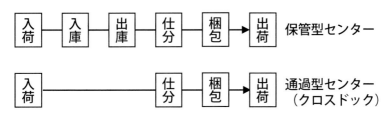

図9.2　倉庫の中で行われる活動

ロジスティクスの活動配置のオプション

　米国で物的流通という言葉が認知され始めた1900年代初頭は、今のロジスティクスは輸送、倉庫活動という「活動」としてとらえられ別々に管理されていました[3]。しかし、荷主からスピード、幅広い品揃え、コスト削減が要求されたことで、輸送と倉庫活動を組み合わせてロジスティクスが設計されるようになりました。図9.3にロジスティクスの活動配置のオプションの代表例を示しています[4]。代表例が混載仕分（breakbulk）、通過型センター（クロス

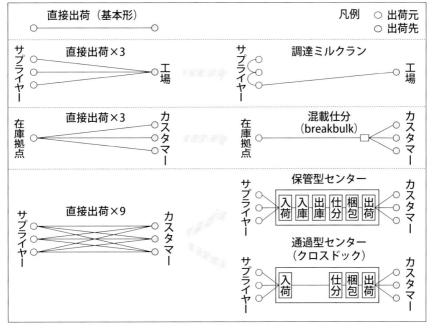

図9.3　ロジスティクスの活動配置のオプションの代表例

ドック）です。基本的には、長距離かつ少積載量の直接出荷を抑制する方向
で、ロジスティクスが設計されることが多いと思われます。

　混載仕分では、混載輸送により輸送費を削減できる一方、混載仕分ターミナ
ルの費用が発生します。通過型センターでは、在庫（流動資産）を減らせる一
方、仕分け設備などの固定資産が増えます。このようなトレードオフをふま
え、ロジスティクスを設計する必要があります。

輸送手段

　モノを輸送するには時間と費用がかかります。長時間にわたる輸送中の振動
によって荷痛みが発生する場合もあります。輸送の品質（Q）、費用（C）、時
間（D）が考慮され、適切な輸送手段が選ばれます。海上輸送・航空輸送・陸
上輸送（トラック、鉄道）のほか、原油やガスを運ぶパイプライン輸送も選択
肢に含まれます。

　海上輸送は港湾間、航空輸送では空港間、鉄道輸送は貨物ターミナル間しか
運べません。出荷元から港湾の区間や貨物ターミナルから出荷先の区間ではト
ラックが使われます。

ロジスティクスサービスの調達方法

　自社で物流資源を調達するか社外にそれを委託するか、すなわち、「ロジス
ティクスサービスをどのように調達するか」は商取引の条件により異なりま
す。国際物流の場合、輸出者と輸入者の間で費用と保険の責任範囲を定義した

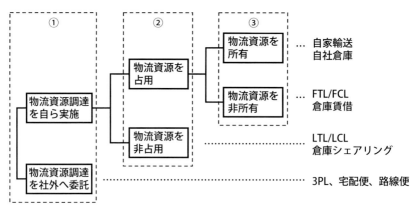

図9.4　ロジスティクスサービスの調達方法

INCOTERMSと呼ばれる貿易条件に準拠することが一般的です。FOB（Free On Board；本船積込み渡し）やCIF（Cost, Insurance and Freight；運賃保険料込み）はINCOTERMSで定められた11種類の貿易条件に含まれています[5]。他方、国内物流では、商取引の受注者側がロジスティクスサービスを調達することが一般的です。

　荷主がロジスティクスサービスを調達するにあたって、3つの選択肢があります（**図9.4**）。①物流資源調達を自ら実施するか社外へ委託するか、②調達する物流資源を占用（独占的に使用すること）するか否か、③占用する物流資源を所有するか否かです。物流資源とは、輸送手段だけでなく、輸送容器（コンテナ、カゴ車）、倉庫スペース、マテハン機器、各種活動に携わる人（トラック運転手、ドライバー、倉庫内作業要員）などを指します。

　荷主は、ロジスティクスサービスを市場で調達できなければ、物流資源を所有し、自らロジスティクスサービスを生み出し、消費することになります。取扱物量が多い場合には、占用した物流資源を使い切ることで経済性を生み出せます。他方、取扱物量が少ない場合には、割高になりますが、物流資源を占用せず混載を選択することが適切です。

　自社で物流資源を調達する場合を例示します。まず、海外など遠距離に製品を輸出する製造業で考えます。コンテナを満載できる程度に輸出量が多い場合は、製造業企業自らがコンテナを借り、コンテナに輸出貨物を積み付けます（バンニングと呼びます）。この調達形態をFull Container Load（FCL）と呼びます。他方、コンテナを満載できるほど輸出量が多くない場合は、他の荷主との混載を選びます。その調達形態をLess than Container Load（LCL）と呼びます。この場合、荷主は港湾近傍のコンテナヤードに輸出貨物を持ち込みます。

　次に、国内など近距離に製品を出荷する場合、主にトラックが使われます。トラック1台を借り切る場合の調達形態をFull Truckload（FTL）、他の荷主と混載する場合をLess than Truckload（LTL）と呼びます。LTLは、パレット、段ボールや通い箱などの輸送単位1箱あたりの運賃が決められています。

　自社で物流資源を調達せず、社外に任せる場合があります。3PL（サードパーティ・ロジスティクス）への委託、宅配便、路線便がこれに該当します。宅配便や路線便を使う場合は、そのサービス提供会社が定めた輸送スケジュールに従う必要があります。

9-3 ロジスティクスの計画

　サプライチェーンネットワーク設計およびロジスティクス設計を前提として、計画が2種類あります（**図9.5**）。それは輸送需要計画と物流リソースプランニングです。

輸送需要計画

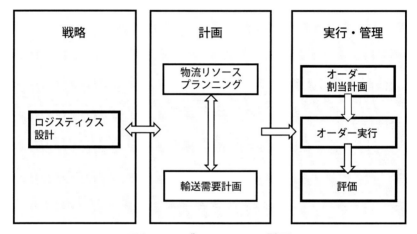

図9.5　ロジスティクスの計画

　輸送需要計画は、MP&Cの需要計画（品目別）をもとに作成されます。その単位は発着地別の荷姿別輸送量です。荷姿とはパレット、ケース、オリコン（折りたたみコンテナ）などです。輸送需要計画で用いる輸送量は、必ずしも品目別まで細分化されている必要はありません。

　輸送需要計画をもとに物流リソースプラニングが行われます。物流リソースを占用する荷主は、これらの計画を立てる必要があります。

物流リソースプランニング

　物流リソースプランニングとは、ロジスティクスの諸活動に必要となる物流資源をどれだけ調達するかを計画することを指します。物流リソースプランニングは主に月次サイクルの計画です。具体例を挙げると、来月の輸出に備えて40フィートコンテナを何本借りるか、積載能力10トンのトラックを来月に何台借りるか、倉庫内作業要員を来月に何人雇うか、といったものです。調達リードタイムとして1～数か月を要するため、需要予測に基づいて物流資源の調達量を決める必要があります。この物流リソースプランニングで決めることがロジスティクス関連費用に直結します。

　モノが動く量は年間を通じて一定ではないことがあります。そのような場合には、需要の変動見通しに応じてコンテナ、トラック、倉庫内作業要員の調達量を増減することが一般的です。短期間だけ需要が急増する場合には、その期間だけ物流資源がスポットで調達されることもあります。スポット調達の単価は割高であるため、通年で量を固定して調達する物流資源と、スポット調達をどう組み合わせるかを決める必要があります。

　物流リソースプランニングから輸送需要計画にフィードバックが起きることがあります。昨今、トラック運転手不足が深刻化し、モノを運べない状態が起きています。ボトルネックである物流資源にあわせて、輸送需要計画を見直すという動きもあります。具体的には、使用するトラック台数を曜日別に平準化するために、出荷日を前後に調整することが行われています（**図9.6**）。

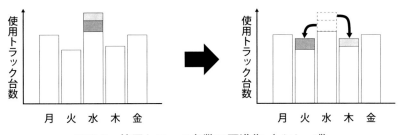

図9.6　使用トラック台数の平準化（イメージ）

物流資源へのオーダー割当計画

7-2「計画プロセス」でスケジューリングを解説しました。それは製造資源にオーダーをどのような順次で割り当てるかという計画でした（**図9.7**）。本項で扱う物流資源へのオーダー割当計画とは、ロジスティクスにおけるスケジューリングととらえてください（**図9.8**）。

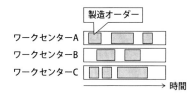

図9.7　製造資源への製造オーダー割当（イメージ）

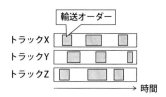

図9.8　物流資源への輸送オーダー割当（イメージ）

占有した物流資源に対してオーダーを割り当てる計画は、計画立案から実行までの時間が1時間～数日と、非常に短いです。物流資源へのオーダー割当計画の具体例を2つ説明します。

1つは輸送手段（トラック、鉄道コンテナ、海上コンテナ）・輸送容器（パレット、カゴ車など）といった物流資源に輸送オーダーを割り当てる計画です。A地点からB地点へモノを運ぶだけならば話は簡単ですが、現実はそうではありません。たとえば、使うトラック台数を減らすため、出発地や目的地が異なる荷物をトラック1台に混載することがあります。

もう1つは、倉庫内作業員に各種オーダーを割り当てる計画です。倉庫内作業員も物流資源の一種といえます。代表例はピッキング指示に使われる計画です。ピッキングの生産性（例：単位時間あたりピッキングを何件行ったか）を高めるために、どの作業員に対して、どの出荷オーダーをひとまとめにし、どんな順序でピッキングさせるとよいかが計画されます。

オーダーの実行

　物流資源へのオーダー割当計画が発令されることで、ロジスティクスの諸活動（輸送、出庫、仕分、梱包など）が実行されます。基本的には計画どおり実行されますが、自社でコントロールできない理由で、計画どおり実行できない場合があります。たとえば、自然災害による輸送網遮断です。遅延を受け入れて当初計画の実行を継続するのか、代替案を実行するのかを適切に判断するため、平常時からロジスティクスの諸活動の可視性を高めておくことが重要です。

ロジスティクスの評価

　ロジスティクスは、輸送と倉庫活動を組み合わせて設計されており、それら2種を共通の尺度で評価する必要があります。共通の尺度となるのはコストです。コストを用いてロジスティクスを評価するための代表的な指標は「売上高物流コスト比率」「数量・重量あたり物流コスト」です（**表9.2**）[6]。

　物流資源を占用する企業において、物流資源へのオーダー割当が適切に行われないと、そのキャパシティを使い切れず、結果として物流コストが嵩みます。たとえば、トラックを占用する場合は、実働率・実車率・積載率・運行効率を測定し、時系列での変動や業界平均値と自社の値の差を把握し、「どこに改善余地があるか」を知る手がかりが得られます。倉庫を占用する場合は、保管効率、スペース効率、ピッキング生産性を測定し、改善を図ります。

　ロジスティクスのサービスレベルを示す指標である誤出荷率、遅配率、荷痛み発生率が高い水準にあると、既存顧客からのリピートオーダーや、新規顧客からの新たな注文を獲得することが困難になる可能性があります。これらの指標の値を改善するために、物流資源を追加調達が必要な場合があります。

表9.2　ロジスティクスの評価指標

区分	代表例
全体	売上高物流コスト比率 数量・重量あたり物流コスト
サービスレベル	誤出荷率、遅配率、荷痛み発生率
オペレーション指標（輸送）	実働率（延べ実働車両数÷延べ実在車両数） 実車率（実車キロ数÷総走行キロ数） 積載率（輸送トン÷最大積載能力トン） 運行効率（＝実働率×実車率×積載率）
オペレーション指標（倉庫内活動）	保管効率（保管量÷保管能力） スペース効率（保管量÷面積） ピッキング生産性（ピッキング件数÷時間）

9-5 ロジスティクスを取り巻く外部環境変化

　ロジスティクスは様々な外部環境に取り巻かれています。まず、企業・消費者の購買行動がロジスティクスに影響を及ぼします。また、労働集約的であることから、ロジスティクスサービス従業者の雇用市場環境の影響もあります。さらにロジスティクスは社会規範からも影響を受けます。具体的な例を3つ説明します[7]。

①輸送需要の増加

　店頭購入からインターネットを利用した購入への転換により宅配需要が増加し、2020年の新型コロナウイルス感染症の拡大を契機としてそれが加速しています。

　アパレルや靴は試着が必要とされる商品です。従来、試着は店舗で行われていましたが、試着を自宅で行えるサービスが登場しています。インターネットで複数のサイズを注文し、自宅で試着した後に不要なサイズを返却するという買い方が生まれ、輸送需要が増えています。

②輸送能力の縮小

　日本国内ではトラック運転手不足が深刻化し、モノを運べなくなりつつあります。①の輸送需要の増加の影響もあり、深刻さが一層増えることが見込まれます。今や物流会社が荷主を選ぶような状況に至っています。

③環境負荷軽減への意識の高まり

　運輸部門は、主要な温暖化ガス排出源の1つです。ゼロエミッションに向けて、トラックの積載率向上、モーダルシフト（トラックから鉄道・海運へ）、電気自動車の導入などの取り組みが求められています。

　リサイクルやリユースなど、地球資源を有効に利用しようとする活動に取り組む企業が増えています。その結果、いわゆる静脈物流が増えています。

第10章

SCMの観点から
見た原価

この章を読み終えると、以下の内容を理解することができます。

- 原価とは何か
- 製造品原価計算の概要
- 基本的な製品原価計算方法のパターンと特徴
- SCMに関連した原価分析方法
- ROICを使ったSCMの評価、分析手法

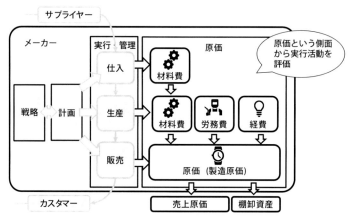

図10.1　MP&Cプロセスと原価の関係

原価とは何か？

　原価とは、一言でいうと、製品を製造するために要した支出のことを指します [1]。支出は材料費、労務費、経費の3つに分類されます。材料費とは製造するために使用したモノに要する支出を、労務費とは加工に要した支出などを、経費とは電力や水道料金など、材料費や労務費以外の支出を指します。

　MP&Cプロセスと原価の関係を図10.1に示します。まず仕入活動により材料費が計上され、生産活動により労務費と経費が加算されます。材料費、労務費、経費を合計した結果を製造原価と呼びます。製造原価のうち、販売活動により売れた分に対応する原価を売上原価と呼び、残った分を棚卸資産として区別します。

　SCMにおいて原価を把握する活動は、実行活動が想定通り回っているのかどうかについて確認することによって、現場の諸活動がROICに代表される財務的指標に与える影響を把握し、もって効果的な経営判断をするための活動と言えます。本章では、この原価を把握する活動とその手法について整理・考察していきます。

原価計算とは

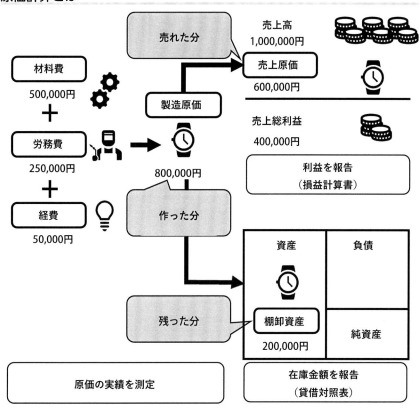

図10.2　原価計算とは

　原価計算とは、原価の実績を測定し、報告を行う一連の手続きを指します[(2)]。目的はいくつかあります[(3)]が、SCMにおいては「利益を把握するため」と、「在庫金額を把握するため」の2つがあると理解してください。

　原価計算の流れを示したイメージを**図10.2**に記載します。この図では、まず材料費、労務費、経費を合計した800,000円を製造原価として計上しています。次に、製造原価のうち、売れた分の600,000円を売上原価として分類し、在庫として残った分の200,000円を棚卸資産として分類しています。原価計算した結果は、損益計算書や貸借対照表など、財務諸表と呼ばれる報告書に記録されます。

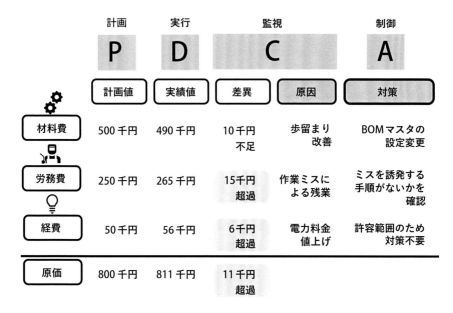

図 10.3 原価管理の例

　原価管理とは、一定の品質や規格を保った製品を生産することを前提としたうえで、原価の発生を一定の範囲内に抑えるための管理手法のことです[4]。計画（Plan）、実行（Do）、監視（Check）、制御（Action）という4つのプロセス群により構成されます。原価管理の手法にはいくつかありますが、ここでは差異分析による原価管理の例を**図10.3**に示します。

・計画プロセス（Plan）では、製造作業を実行する前に想定している原価情報を決めます。

・実行プロセス（Do）では、製造作業が完了した後に実績値としての原価情報を測定します。

・監視プロセス（Check）では、原価情報の実績値と計画値に差異があるかどうかを確認します。もし差異を認識した場合は、差異が許容できる範囲かどうかを判断します。許容範囲を超える差異がみられる場合は原因を調査します。

・制御プロセス（Action）では、必要に応じて対策を講じて、提案・実施します。

サプライチェーン上の諸活動と原価の関係

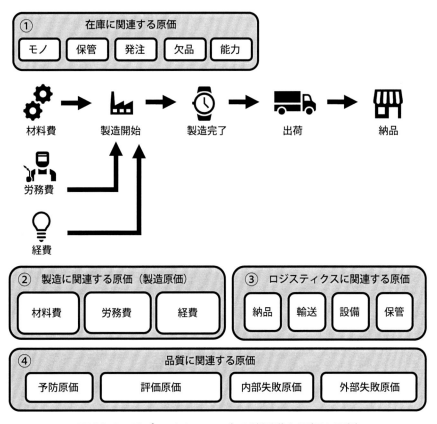

図10.4　サプライチェーン上の諸活動と原価の関係

　図10.4が示すように、サプライチェーン上の諸活動の実行結果と原価計算の結果は対応しています。サプライチェーン上の活動でどこかに異常が発生している場合は、原価計算の結果にも想定外の結果が表れることがあります。原価計算の結果を分析することにより、サプライチェーン上のどこで問題が発生しているかを特定するヒントを得ることができます。

　サプライチェーン上の活動に関連する原価は4つに分類することができます。「①在庫に関連する原価」、「②製造に関連する原価（製造原価）」、「③ロジスティクスに関連する原価」、「④品質に関連する原価」[5] です。それぞれを説明します。

①「在庫に関連する原価」とは、原材料の購入や在庫の保管などに要した原価のことを指し、5つの要素で構成されます。

- 1つめは「モノ」にかかる支出です。購買品そのモノに要する支出に加え輸送、税金、保険などが含まれます。
- 2つめは「保管」するための支出です。資金調達にともなう利子などを意味する資本コストと、保管場所、設備、労働力を意味する保管コストと、老朽化や損傷、盗難や陳腐化に伴う廃棄などを加味したリスクが含まれます。
- 3つめは「発注」するための支出です。5-5「経済的発注量」でも触れていますが、サプライヤーに注文を出す際に必要な郵便料金や書類作成のための消耗品費や材料受入に要する労務費が含まれます。
- 4つめは「欠品」を防ぐための支出です。在庫切れにならないために余分に持つ在庫に伴う支出が含まれます。
- 5つめは「能力」に関連する支出です。残業や雇用、訓練などに要する支出が含まれます。

②「製造に関連する原価」とは、製造活動に要した原価のことを指し、材料費、労務費、経費の3つの要素で構成されます。説明は前述しているため割愛します。

③「ロジスティクスに関連する原価」とは、仕入・販売に伴うモノの移動に要した原価のことを指し、4つの要素で構成されます。

- 1つめはカスタマーへ「納品」するための支出です。倉庫からカスタマーに納品するのに要する労務費や燃料代などの経費を含みます。
- 2つめは倉庫間の「輸送」に要する支出です。
- 3つめは倉庫の設備を「維持」するための支出です。
- 4つめは在庫「保管」するための支出です。①「在庫に関連する原価」の「保管」するための支出に類似しますが、完成品倉庫を対象としています。

④「品質に関連する原価」とは、品質管理に関連する原価です。4つの要素で構成されます。

- 1つめは「予防原価」です。生産開始前の、品質を維持するための活動に要する支出です。QCサークルや、従業員トレーニング、設計レビュー、サプライヤーの評価などに要する支出が含まれます。
- 2つめは「評価原価」です。生産開始～終了時の品質測定に要する支出です。製造後のインスペクションなどに要する支出が含まれます。
- 3つめは「内部失敗原価」です。製造が完了して出荷する前に発見された品質不良に起因する支出です。スクラップや再加工、設備停止などに要する支出が含まれます。
- 4つめは「外部失敗原価」です。出荷された後に発見された品質不良に起因する支出です。リコール、返品、値引きなどに要する支出が含まれます。

column ● ロジスティクス原価は低ければ低いほどよいのか

　ロジスティクスの原価に関連する話題として、日本国内に複数の工場を持つ消費財メーカーの例を紹介します。その企業は同一製品を複数の工場で製造することができ、製品ごとに「集中生産し、遠距離輸送する」か「分散生産し、短距離輸送する」かを常に決めていました。これは製造部門からみると、どの品目をどこで生産するかの問題と言えます。この企業のサプライチェーンの重要指標の1つが、ケースあたりの供給コストでした。ここでの供給コストとは製造費と物流費の合計とします。

　同一製品を集中生産すれば、製造ロットサイズが大きくなり、段取替時間が縮小する結果、製造単価が下がります。一方、工場からの遠距離輸送が増え輸送費単価が上がります。他方、同一製品を分散生産すれば、製造ロットサイズが小さくなり、段取替時間が拡大する結果、製造単価が上がります。一方、工場から遠距離輸送が減り輸送費単価が下がります。

　つまり、製造部門だけ、物流部門だけで意思決定していては全社での利益最大化ができず、ROIC向上にはつながりません。「ロジスティクス費用は低ければ低いほどよい」のではなく、適切な目標を設定する必要があると言えます。

10-2 製造品原価計算の概要

前節では、サプライチェーン上の活動に関連する原価を4つに分類できることを説明しました。ここでは、仕入、生産、販売からなる実行・管理機能に密接に関わっている製造品の原価計算方法について説明します。

直接費と間接費

図10.5　直接費と間接費

製造品の原価計算方法を説明する前に、直接費と間接費について説明します。直接費とは、特定の製造指図に使用することを指定された材料など、製造品目を直接特定できる支出を指します。間接費とは、光熱費など製造品目を直接特定できない支出を指します。材料費、労務費、経費は、それぞれ直接費と間接費の2つに分類されます（**図10.5**）。

基本的な製造品原価計算のステップ

製造品の原価は、直接費と、間接費を配賦した結果を合計することで求めることができます。**図10.6**を使って具体的な手順を説明します。

①まず、発生した原価を、材料費・労務費・経費に分類します。さらにそれぞれを直接費と間接費に分類します。製造指図番号に紐付く材料投入や組立作業など、直接製造に紐付けられる費用は直接費に、光熱費など、直接製造に紐付けられない費用は間接費に分類します。

②直接費に分類された費用は、そのまま合計します。これを直課と呼びま

す。図10.6では、直接材料費400千円と直接労務費200千円が仕掛品Aに直課されています。

③間接費に分類された費用はいったん「製造間接費」という括りで合計します。左図では、間接材料費100千円と間接労務費50千円、間接経費50千円の合計200千円を「製造間接費」に括って合計しています。

④「製造間接費」に分類された200千円は、所定のルールに基づいて製造した製品に配分します。配分するための所定のルールを「配賦基準」と呼びます。製造数量の大きさなどを基準とすることがあります。ここでは、何らかの配賦基準により製造間接費の合計200千円を製品Aに対する仕掛品に10千円を、製品Bに対する仕掛品に80千円を、製品Cに対する仕掛品に110千円を配賦しています。

⑤最後に、仕掛品Aに直課された直接材料費400千円と直接労務費200千円と、配賦された製造間接費10千円を足した610千円が製品Aの製造原価です。

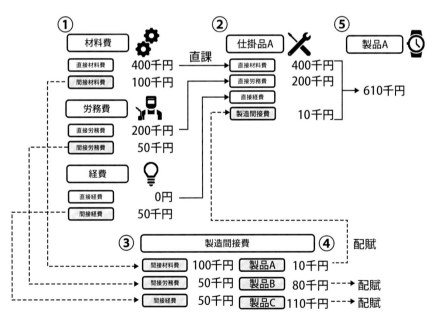

図10.6　基本的な製造品原価計算のステップ

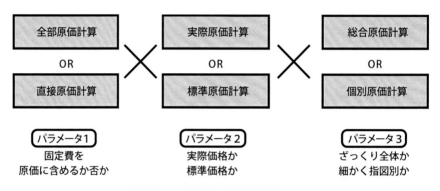

図10.7 製造品原価計算パターン

　基本的な製造品原価計算の方法は、「全部原価計算」または「直接原価計算」、「実際原価計算」または「標準原価計算」、「総合原価計算」または「個別原価計算」の組み合わせで決まります。組み合わせパターンは$2 \times 2 \times 2 = 8$通りあります。何を目的として原価管理をするかによって、パラメータ1、パラメータ2、パラメータ3からそれぞれ1つを選択します（**図10.7**）。また原価計算の組み合わせ例と主な目的を**表10.1**にまとめています。

表10.1 原価計算の組み合わせと主な目的

組み合わせ例	主な目的
全部原価計算×実際原価計算×総合原価計算	全体で実際原価を把握
全部原価計算×標準原価計算×個別原価計算	製品別に原価差異を把握
直接原価計算×実際原価計算×個別原価計算	製品別に損益分岐点を把握

　前項「基本的な製造品原価計算のステップ」では、全部原価計算×標準原価計算×個別原価計算のパターンをイメージして計算しています。次のページからは、それぞれのパターンについて説明します。

パラメータ1　全部原価計算と直接原価計算

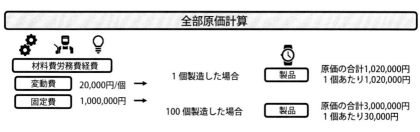

図10.8　全部原価計算

　全部原価計算[6]とは、発生した費用を全部使用して原価を計算する方法です。変動費は製造数に比例して増加しますが、固定費は一定のため、作れば作るほど1個あたりの固定費が小さくなり、結果として1個あたりの原価が低くなる特徴があります。特に大型の設備を使用する固定費の大きい業種でその傾向が強くなります（**図10.8**）。全部原価計算は、財務会計という、企業外部へ公表する目的で使用します。

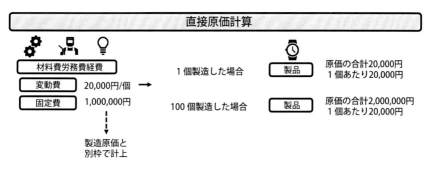

図10.9　直接原価計算

　直接原価計算[7]とは、発生した費用のうち変動費のみを使用して原価を計算する方法です。変動費は製造数に比例するため、製造する数量が多くても少なくても、1個あたりの原価は変動しません。直接原価計算の詳細は後述しますが、ここでは多く作るほど原価が低くなるのが全部原価計算、変わらないのが直接原価計算、という大きな特徴をつかんでください（**図10.9**）。直接原価計算は、管理会計という、企業内部で分析する目的で使用します。

パラメータ2　実際原価計算と標準原価計算

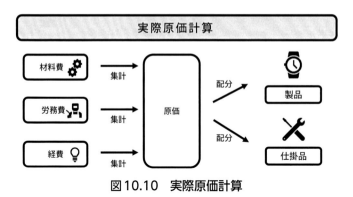

図10.10　実際原価計算

　実際原価計算[8]とは、実際に発生した材料費、労務費、経費などの費用や生産実績や作業実績などの各種実績に基づいて原価を計算する方法です。計算するためには実績値をすべて入手する必要があります。また、費用はいったんすべて集計した後、製品と仕掛品に原価を配分します（図10.10）。

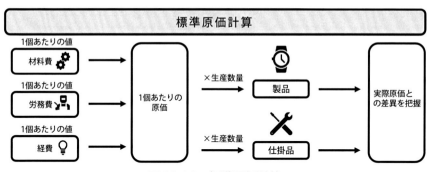

図10.11　標準原価計算

　標準原価計算[9]とは、期の初めにあらかじめ目標となる標準的な1単位あたりの原価*を決めておき、1個あたりの標準原価に実際の生産数量を乗算して原価を計算する方法です。製造数量だけわかれば計算できるので迅速に計算できます。また、併せて実際原価を計算し、目標値と実績値との差異を導出するプロセスも標準原価計算に含まれており、目標値との差異を明らかにすることができます（図10.11）。

＊製品1単位を生産するのに見込まれる標準的な原価を原価標準と呼びます。

パラメータ3　個別原価計算と総合原価計算

個　別　原　価　計　算		
製品 #製造指図 数量	製品A #001 4個	製品A #002 4個
直接材料費 直接労務費 直接経費 製造間接費 :	1,000円 800円 2,400円 0円 :	1,200円 900円 2,400円 200円 :
原価	4,200円	4,700円

図10.12　個別原価計算の例

　個別原価計算[10]とは、製造指図書ごとに原価を計算する方法です。船やプラントなど、受注生産方式や受注設計生産方式をとっている業種などで採用されています（**図10.12**）。製造間接費には、間接材料費、間接労務費、間接経費の合計を含めます。

総　合　原　価　計　算	
製品 #製造指図 数量	- - -
直接材料費 加工費	2,200円 6,700円
:	:
原価	8,900円

図10.13　総合原価計算の例

　総合原価計算[11]とは、材料費、加工費の単位で捉えた原価を全て集計して全体の原価を把握する方法です。大量生産をしている業種などで採用されています（**図10.13**）。加工費には、直接労務費、直接経費、間接材料費、間接労務費、間接経費の合計を含めます。

ここでは、SCMとの関連が高い原価分析手法として「標準原価計算を使った原価差異分析」、「損益分岐点分析（CVP分析）」、「直接原価計算を使った利益分析」の3つを説明します。

標準原価計算を使った原価差異分析

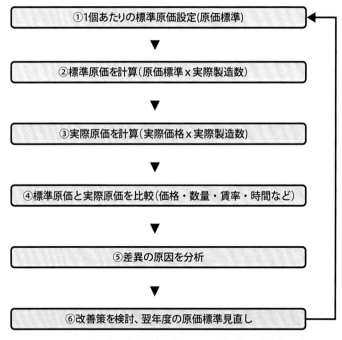

①1個あたりの標準原価設定(原価標準)

▼

②標準原価を計算（原価標準 x 実際製造数）

▼

③実際原価を計算（実際価格 x 実際製造数）

▼

④標準原価と実際原価を比較（価格・数量・賃率・時間など）

▼

⑤差異の原因を分析

▼

⑥改善策を検討、翌年度の原価標準見直し

図10.14　標準原価計算を使った原価差異分析の流れ

前節でも簡単に触れましたが、標準原価計算の結果を使った差異分析の流れが図10.14です。標準原価計算の目的はいくつかありますが、SCMにおいては、実行業務が一定の幅に収まっているかを原価という側面で検知するためと、繰り返し改善策を検討することで原価を低減するため、ということができます。

①まず製品1単位あたりの標準原価（原価標準）を設定します。

②標準原価を計算します。1個あたりの原価である原価標準に実際の製造数を乗算することで求めます。

③実際原価を計算します。実際の価格（購入価格や、賃率）に実際の数量（材料の使用数、製造実績数や、作業時間）を乗算して求めます。

④標準原価と実際原価の結果を比較します。

⑤比較の結果、差異が発生している場合は、差異の原因を調べます。

⑥改善策を検討します。必要に応じて翌年度の原価標準を見直します。

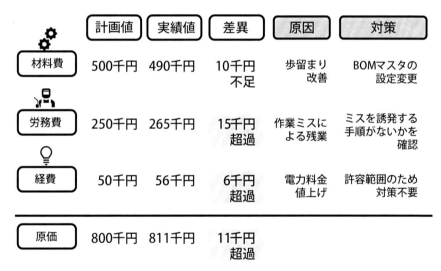

	計画値	実績値	差異	原因	対策
材料費	500千円	490千円	10千円不足	歩留まり改善	BOMマスタの設定変更
労務費	250千円	265千円	15千円超過	作業ミスによる残業	ミスを誘発する手順がないかを確認
経費	50千円	56千円	6千円超過	電力料金値上げ	許容範囲のため対策不要
原価	800千円	811千円	11千円超過		

図10.15 原価管理例（原価差異分析）

図10.15は原価差異を求め、原因を調べ、対策案を立てた例です。原価差異がみられた場合、どのような対策をとるかは、SCMプロセス全体を俯瞰した総合的な判断が必要です。たとえば、上図の材料費は実績値が10千円低いですが、図に例示した原因のほか、次ページの理由も考えられます。

- もともとのBOMの設定が間違っていた。（設計部門）
- 作業手順が漏れており、使うべき材料を使っていなかった。後にリコールとなる可能性が高い。（製造部門）
- 発注先と長期契約を結び、材料を安く買うことができた。（購買部門）
- 全社的なコストダウン要請を満たすため、安く大量購入した。しかし在庫の山となっており、一部を廃棄する予定である。（計画部門）
- 相見積もりを取った結果、安い材料を買ったが、品質が低く、製品検査で多数不良が発生した。（購買部門）
- 販売部門から強いコストダウン要請があり、安い原材料を買わざるを得なかった。後に不良が発覚した。（販売部門）
- 度重なる仕様変更によって生産部門が混乱し、労務費超過の原因となった。（販売部門）

括弧内は、原価差異の原因と考えられる部門です。上記のとおり、原価差異の原因がどの部門となるかは一律に特定できないことが多く、原価差異分析においては、組織を横断して問題の原因を調査できる部門が調査を担うことが重要といえます。

損益分岐点分析（CVP分析）

損益分岐点分析とは、原価を変動費、固定費に分解することにより、原価・売上高・利益の関係を把握する手法です。目標とした利益を得るためには「どれだけコストを削ればよいのか、どれだけ販売数量を増やせばよいのか、販売単価をいくらに設定すればよいのか」などを分析するために用いられます（**図10.16**）。CVP分析とも呼ばれ、Cost-Volume-Profit Analysisが正式名称です。原価、売上高、利益の関係は以下の式により把握することができます。

原価　　＝変動費　　　　×販売数量＋固定費　　……①
売上高＝販売単価　　　×販売数量　　　　　　……②
利益　　＝売上高　　　　－原価　　　　　　　　……③
利益が0円となるときの販売数量が損益分岐点です。

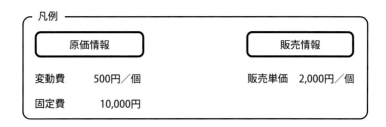

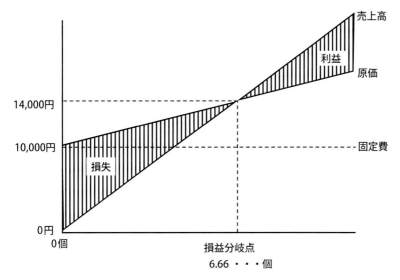

図10.16　損益分岐点分析

　損益分岐点の計算例を説明します。式①に凡例の変動費500円と固定費10,000円を当てはめ、式②に凡例の販売単価2,000円を当てはめてみます。

原価　　　　　＝ 500 　× 販売数量 ＋ 10,000　　……①
売上高　　　　＝ 2,000 × 販売数量　　　　　　　　……②

　損益分岐点を求めるため、式③の利益を0と置き、①と②を代入します。

0 　 ＝ 2,000 × 販売数量 　　 － （500× 販売数量 ＋ 10,000）

　これを販売数量について解くと、販売数量≒6.66となります。端数を切り上げした7個が損益分岐点となる販売数量です、また7個に販売単価2,000円を乗算した14,000円が損益分岐点となる売上高です。

直接原価計算を使った利益分析

原価情報、販売情報

原価情報		販売情報	
変動費	500円	販売単価	2,000円
固定費	10,000円		

全部原価計算の計算例

パターン①：10個作って10個販売した場合

原価情報		損益計算書	
変動費	5,000円	売上高	20,000円
固定費	10,000円	売上原価	15,000円
合計	15,000円	売上総利益	5,000円
1個あたり	1,500円		

パターン②：100個作って10個販売した場合

作れば作るほど安くなる

原価情報		損益計算書	
変動費	50,000円	売上高	20,000円
固定費	10,000円	売上原価	6,000円
合計	60,000円	売上総利益	14,000円
1個あたり	600円		

利益が増えたように見える

図10.17　全部原価計算を使った利益計算例

　直接原価計算の活用方法を具体例を使って説明します。まず、**図10.17**の全部原価計算を使った計算例を見てください。パターン①の10個作って10個すべて販売した場合と、パターン②の100個作ったが10個しか販売しなかった場合の1個あたり原価を比較します。パターン①の1個あたり原価1,500円に対してパターン②が600円となっています。全部原価計算では、作れば作るほど固定費が多くの品目に配分されて、1個あたり原価が下がるためです。売上原価には、売れた分の原価しか計上できないため、損益計算書を見ると、結果として多くの売れ残りがあるパターン②の方が利益が多くなっています。全部原価計算の結果を使って原価低減目標を設定すると、まったく売れない可能性があったとしても、たくさん作るのが目標となり、利益が出ている錯覚に陥り、業績の判断を誤る可能性があります。

原価情報、販売情報

原価情報		販売情報	
変動費	500円	販売単価	2,000円
固定費	10,000円		

直接原価計算の計算例

パターン①：10個作って10個販売した場合

原価情報		損益計算書	
変動費	5,000円	売上高	20,000円
		変動売上原価	5,000円
合計	5,000円	限界利益	15,000円
1個あたり	500円		

パターン②：100個作って10個販売した場合

原価は変わらず

原価情報		損益計算書	
変動費	50,000円	売上高	20,000円
		変動売上原価	5,000円
合計	50,000円	限界利益	15,000円
1個あたり	500円		

利益も変わらず

図10.18　直接原価計算を使った利益計算例

　次に、**図10.18**の直接原価計算を使った計算例を見てください。原価情報や販売情報は全部原価計算のときと同じです。パターン①もパターン②も1個あたり原価は同じです。損益計算書を見ると、利益も両者が同じになっています。理由は、計算にあたって固定費を使わないためです。直接原価計算は、在庫の著しい変動にも影響を受けない原価管理手法として活用することができます。

　直接原価計算の考え方をさらに推し進めたのがスループット会計です。直接材料費のみを真の変動費と捉えます。売上高－直接材料費はスループットと呼び、その増加をねらいます。在庫やほかの費用はムダなものととらえます。直接原価計算では直接費に含めていた直接労働費や直接経費は、製造数に比例して変動しない場合もあるため、真の変動費に含めません[12]。

10-5　ROIC を使った SCM の評価・分析

　ROICは、投下した資本に対してどれだけの利益を得たのかという観点から企業の活動を評価することのできる指標の一つです。

　第1章でも触れたように、ROICには、2つの異なる側面からSCMを評価・分析し、かつこれらを統合的に評価することができる特徴があります。「2つの異なる側面」とは、SCMの収益性と、SCMの効率性です。これらに関連する要素は、SCMの諸活動と密接に関わっています。

「収益性」の側面でSCMを評価・分析する

　まずは、SCMを収益性の側面から見てみましょう。サプライチェーンを構成する企業の収益は、部門や、セグメント、製品群など、特徴によって整理された活動群ごとの収益を合算したものといえます。収益性の側面でSCMを評価するために、まず、活動群別に単年度のROICと、複数年度のROIC成長率を求めます（**図10.19**）。次に、それぞれの結果を、縦軸を単年度ROIC、横軸を複数年度のROIC成長率と置いたグラフにプロットします（**図10.20**）。単年度のROICでは現在における収益性、複数年度のROIC成長率では、過去の成長性を評価しています。

　SCMの戦略を立案する責任者は、プロットされた結果を参考にして各活動群の将来における収益性を分析し、「現状維持」、「投資を増やす」、「撤退」などを意思決定し、ROICの目標値を設定します。これが収益性の側面でSCMを評価、分析する手法です。

　2つの軸で各活動の位置づけを把握して意思決定の判断材料とする手法は、プロダクトポートフォリオマネジメントと呼ばれ、図10.20はプロダクト・ポートフォリオ・マトリックス（PPM）と呼ばれます。図10.20は、スマートウオッチ製品を、現時点でのROICは低いが高い成長が見込めると分析し、投資を増やす意思決定をした例です。

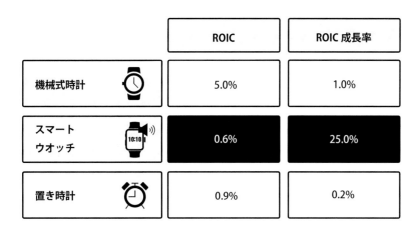

	ROIC	ROIC 成長率
機械式時計	5.0%	1.0%
スマートウオッチ	0.6%	25.0%
置き時計	0.9%	0.2%

図10.19　活動群別のROIC、ROIC成長率

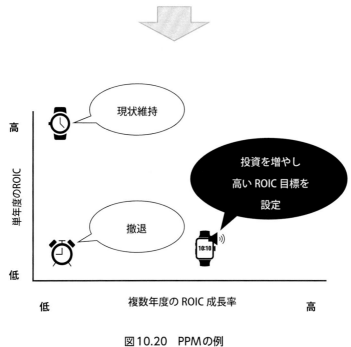

図10.20　PPMの例

「効率性」の側面でSCMを評価・分析する

　次にSCMを効率性の側面から見てみましょう。サプライチェーン全体の効率は、これを構成する要素である「仕入」「生産」「販売」の効率を個々に向上させるだけでは必ずしも向上しません。これらの要素は相互に関連しながらROICに影響を与えますので、それぞれの特徴と要素間の関係性を俯瞰的な観点から整理する必要があります。

　ROICの計算式（利益÷投下資本）は売上高を考慮にいれることで売上高営業利益率と投下資本回転率の掛け算とみることができます。さらに、これらが影響を受ける要素についてそれぞれ整理すると図10.21のようなツリー構造で捉えることができます。つまり、ROICは個々の活動の効率性をサプライチェーン全体の効率性への寄与の観点から評価することができる点にも特徴があるのです。

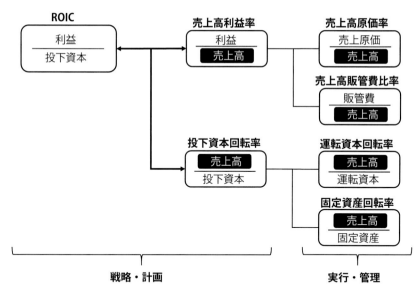

図10.21　SCMの観点からのROICの整理

第11章

世界標準のSCMを
学ぶことの重要性

この章を読み終えると、以下の内容を理解することができます。

- SCMにおける共通言語の重要性
- SCM世界標準

なぜ SCM に標準が必要なのか

ボルティモア大火にみる SCM の課題

　1904年に米国東部のボルティモアで、1500戸以上の建物が焼失する大火災が起きました。この火災の被害が甚大なものになったのは、消火のための放水が適切なタイミングと適切な量をもって行われなかったためであることが、その後の調査・研究により明らかになっています。

　当時のボルティモアには消火用の水栓が配置されており、消防隊は持参したポンプを最寄りの水栓に接続することで直ちに消火活動に当たることができる体制が整備されていました。しかし、1904年の火災では延焼速度に対してこれを食い止めるためのポンプの台数が不足する状況であったとされます。

　このとき、周辺の都市であるニューヨークやワシントンDCの消防隊がポンプとホースを持って応援に駆け付けたため、消火機材の不足は解消したかに思われましたが、当時の米国では消火用水栓をポンプに接続するためのホースの接続部の規格が地域ごとに異なっていたため、これら応援に駆け付けた周辺都市の消防隊の機材はボルティモアでの消火活動に使うことができなかったとされます[1]。

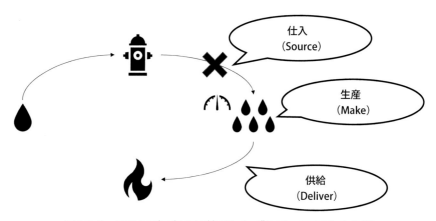

図11.1　SCMの観点より整理したボルティモア大火の例

このボルティモア大火のエピソードをSCMの観点から整理した場合、消火用ポンプは通常の水圧の水を消火水栓から「仕入（Source）」れて加圧することで消火に適した水を「生産（Make）」し、これを火災現場に「供給（Deliver）」する役割を担っているといえます（**図11.1**）。この消火用水のサプライチェーンにおいて消火のための放水（Deliver）が適切なタイミングと適切な量をもって行われなかったのは、「モノやサービスの流れ」に関する規格が標準化されていなかったことを原因として、サプライチェーンが機能不全に陥っていたためであるといえます。

SCMにおける標準の重要性

このボルティモアの事例からSCMに携わる人々は何を学ぶべきでしょうか。第1章で触れたように、サプライチェーンはモノやサービスの連鎖であると同時に、意思決定の連鎖でもあります。消火栓の規格のように目に見えるものだけでなく、サプライチェーンを構成する当事者間の意思疎通についても同様に標準に準拠することで得られる効果があるのです。

サプライチェーンが相互に関連する複数の企業の活動によって成り立っているという性質に由来する特徴の1つとして、意思疎通の制約に起因する企業間の情報の非対称性が挙げられます（1-4「サプライチェーンの構造に由来する問題」参照）。この特徴が惹起する問題のうち、上記のポンプの規格についての情報が共有されていなかったことで延焼が止まらなかった問題のように「伝えるべき情報を齟齬なく伝えることができない」ことに起因するものについては、当事者間のコミュニケーションに「共通言語」を用いることで克服することができます。

2者間の相対取引のように、少ない当事者の間で行われるビジネスにおいては、「以心伝心」のような密なコミュニケーションが生まれることでこの問題が顕在化しない場合もあります。しかし、サプライチェーンのように多くの当事者が相互に関連することを前提とするコミュニケーションにおいては、そのような状況は期待できません。そのため、SCMにおいては複数当事者間で齟齬のないコミュニケーションが成立するための一種の「共通言語」、すなわち参加者が参照すべき共通の整理軸が強く望まれるのです。そしてその重要性は、サプライチェーンが国や地域をまたいで拡大するにつれ増しているといえます。

11-2 SCM における「標準」

国際取引における日本の地位

1980年からの40年間で世界の貿易額は約10倍になりました。しかしそこに占める日本向けの輸出額の割合は相対的に低下傾向にあります[2]。つまり、日本の国際取引（＝グローバル・サプライチェーン）におけるプレゼンスは弱まりつつある状況と言えます。このような状況に鑑みると、現在のグローバル・サプライチェーンに日本の固有の業務プロセスなどを持ち込むことは困難を伴うものと想像されます。また、今日において日本企業がグローバル・サプライチェーンを通じてビジネスを行う際には、カスタマーやサプライヤーが準拠する業務プロセスを考慮することがより求められる状況にあるといえるでしょう。

グローバルSCMにおける「標準」

国際商取引には、CISG[3]のように条約加盟国が遵守すべきルールとして策定された標準（デジュリ標準）がある一方で、一般に妥当と認められて受け入れられた商慣行に基づく標準（デファクト標準）があります。また、業界の共通規格であるフォーラム標準もあります[4]。現在のSCMにおいては「仕入」「生産」「販売」といった個々の活動が複数の企業間でグローバルに連鎖するエコシステム全体を対象としたデジュリ標準は存在しません。SCMにおける標準は、より多くの人々が妥当と認めて準拠している商慣行としての整理軸や手法群からなる「デファクト標準」として存在しているのです。

現時点の標準はASCMの整理軸である

　SCMに関する体系的に整理された知見のうち、現在もっとも多くのプロフェッショナルが支持するものとして「Operations Management Body of Knowledge（OMBOK）」が挙げられます。OMBOKは米国の非営利団体であるAssociation for Supply Chain Management（ASCM）が1960年代より集積・整理したオペレーションズ・マネジメント分野の知見を体系化したものであり、その内容には製造業およびロジスティクスに関する論点に加えて、これらを俯瞰する観点であるSCMに関する論点が含まれます[(5)]。

　ASCMはこれらの各論点をテーマとした資格認定試験を1973年より実施しており、その有資格者数は2021年現在10万人を超えます。また、特にASCMが本部を置く米国では、企業がSCMを担当する人材を雇用する際にこれらの試験に合格していることを採用条件とするなど、OMBOKについての知見の有無が、グローバルSCMの実務家として求められる基礎能力の有無を端的に示す基準として広く用いられています。このようなことから、SCM分野では現在、ASCMのOMBOKがデファクト標準であると考えられています[(6)]。なお、本書におけるMP&Cを軸としたSCMの解説は、このOMBOKに含まれる論点を製造業のビジネスに注目する観点からの考察を加えつつ再整理したものです。

column ❶ APICS／ASCMの共通言語と日本語

　サプライチェーン分野におけるコミュニケーションの標準化の取り組みとの一つとして、APICS／ASCMはサプライチェーンの専門用語辞典「APICS Dictionary」を編纂・発行しています。APICS Dictionaryは1963年に初版が発行されて以来18版（2024年発行）を数えており、積極的な新陳代謝の促進によってSCM実務家のコミュニケーションに資する用語の整理を行っている点に特徴があります。採録された用語の中には「Kaizen（カイゼン）」や「Jidoka（ニンベンの自働化）」といった日本の製造業に馴染みの深い生産管理手法の呼称が多数含まれており、その多くはMP&Cの「実行」に関する用語として整理されています。

むすび

　以上、11章に渡り世界標準のSCMのコンセプトと、その構成要素について複数の側面から見てきました。これらをあらためて整理すると、世界標準のSCMを学ぶ際はその世界観、参照枠組、評価指標についての理解が極めて重要であることがわかります。

SCEという世界観

　まず、本書の中心的な関心事である「サプライチェーン」は、様々な企業や人々のモノやサービスを供給する活動と、これに伴う意思決定が相互に関連するさまを、一種のエコシステムとして捉える世界観を前提としている、ということです。本書ではこの世界観をSCE（Supply Chain Ecosystem）と表現し、その内部で起きる特徴的な事象とそれらの関係性について整理しています（第1章・第11章）。

MP&Cという参照枠組

　次に、この仕組み（SCE）が生み出す価値をより好ましい状態にする、というコンセプトを実践するためのアプローチとして、階層型意思決定を基本としたSCMが世界標準となっているということです。

　これまでの日本国内におけるSCMについての議論状況は「S&OP」「MRP」「需要予測」「在庫管理」といった個々の活動に注目する観点が強調される傾向にあり、それぞれの活動がSCMの文脈において持つ意義や、それら相互の関係性についてはあまり注目されてきませんでした。他方、齟齬のない意思疎通がより強く求められるグローバルSCMにおいては、このような俯瞰的な観点からの理解が不可欠であり、その整理軸がローコンテクストであるほど共通概念として成立しやすいという特徴があります。

　本書では、SCMにおける個々の活動を世界標準のアプローチに準拠して「戦略（第2章）」「計画（第3章・第4章）」「実行・管理（第6章・第7章・第8章・第9章）」の3階層で整理し、そのSCMの文脈における意義と相互の関係性をMP&Cとして表現しています。

ROICという評価指標

そして最後に、これらSCEを前提としたホリスティック（holistic）な観点からのSCMを再び個々の企業の活動における経営管理へと「翻訳」することが重要である、ということです。

個々の企業のSCMにおける階層的意思決定は、需要に関するものと供給に関するものに大別され、これらの意思決定に基づいて実施された各種の活動については「在庫回転率」「設備稼働率」「サービスレベル」といった評価指標をもって効果を測定できることはよく知られるところです。しかし、世界標準のSCMにおいてこれら活動群が全体として生み出す価値が強調されることに鑑みれば、その評価指標についても同様の観点から設定されることが望まれます。本書では企業における個々の活動の評価を前提としつつ、SCMそのものの効果と効率性を同時に評価するための指標の例としてROICを紹介しています（第1章・第10章）。

今後のSCMへの期待

本書で取り上げたこれらの内容は、いずれもグローバルビジネスの場において一種の共通言語として用いられているものであり、ここに参加する上で不可欠な教養とも言うべきものです。

もっとも、SCMの概念はその歴史が示すとおり常に進化を続けています。現在の常識は、新たなベストプラクティスによって常にアップデートされているのです。つまり、このダイナミックな世界標準の門戸は広く開かれており、その進化に資する議論は歓迎されるということを意味しています。しかし、多くのルールメイキングについての議論がそうであるように、前提となる知見についての理解の乏しいまま参加したとしても貢献することは難しいでしょう。

サプライチェーンという広大かつ複雑・不確実な世界のフロンティアは、その「仕組み（システム）」の理解と拡張によって拓かれ続けています。そして、この努力はサプライチェーンに携わるすべての企業や人々に望まれるものといえます。「フォレスター効果（1-4）」で知られるSCMの先駆者、J.フォレスターによる、この点を指摘した言葉で本書を終えたいと思います。

"Where is the boundary, that encompasses the smallest number of components, within which the dynamic behavior under study is generated?"

–Jay. W. Forrester "Principles of Systems", 1968

あとがき

　「サプライチェーンマネジメントの国際標準を独学できる本がない！」が執筆のきっかけです。賛同した３人は、異なるバックグラウンドを持っていました。本書を一貫するMP&Cは、いわば著者３人の共通言語です。そして、サプライチェーンに関わる全ての方々が、この共通言語で会話できる日が訪れることは、著者一同の願いでもあります。

　そこで、この本を買ってSCMの基礎を独習された方にお願いがあります。ぜひ、同じ職場のどなたか１人に感想をお伝えください。２人になって初めて会話が生まれます。また、今後、海外拠点に駐在し、SCMを切り盛りする立場に就かれる方は、ぜひ本書を携行して座右の書としてください。もし本書がサプライチェーンという不確実で複雑なシステムを相手に奮闘する皆様の進む道を照らす一筋の光として寄与することができたならば、著者らとしては望外の喜びです。

　本書の執筆は、2020年４月にコロナ禍が深刻化する中で始まりました。その活動は様々な困難を伴いましたが、多くの方からご支援を頂くことで出版を実現することができました。ご協力いただいたすべての皆様に深く感謝いたします。

　本書の企画に賛同いただき、全面的に協力いただいたビジネスエンジニアリング株式会社の皆様に、深く感謝いたします。まず、本活動への理解を示していただくだけに留まらず、過去の執筆経験などを元に親身にアドバイスを頂いた社長の羽田雅一氏をはじめ、企画遂行の最終承認を頂きました取締役の中野敦士氏、「こんな本があったら」という雑談レベルの段階から本企画に深い理解を示していただき、稟議を大きく後押ししていただいたコンサルティングサービス本部長の樋口亮平氏、共著という難しい契約形態を前向きに進めていただいた國原寛子氏、その他法務総務部の皆様のおかげで書籍の企画を実現することができました。

　APICS関連の活動全般に深い理解を示していただき、本企画の相談に乗っていただき、日刊工業新聞社様をご紹介いただきましたマーケティング部の八田朝子氏のご支援により、出版の具体化を大きく前に進めることができました。

　多忙な業務の中、書籍のレビュアーとして時間を割いていただいた小林俊光プロダクトサービス本部副本部長、佐藤大輔コンサルティングサービス部長、

高木孝輔氏からは、豊富な経験に基づく助言を頂くことができました。また、作成中の原稿の評価も兼ねて実施した4回にわたるSCM勉強会に参加いただいた延べ200名超の社員の皆様からは、賛否両論含め多くのご意見を頂いたことで、出版前に読者の生の声を収集することができ、わかりやすく説明するためにどのような工夫が必要か、という点で多くのヒントを得ることができました。

　そして、日刊工業新聞社出版局の宇田川勝隆氏、奥村功氏、岡野晋弥氏には企画段階から進行管理に関して多大なるご協力を頂きました。岡野氏におかれましては、読者目線でのレビューという点でも多大なるご協力を頂きました。

　著者三人が出会うきっかけとなった、日本におけるAPICS普及活動の発起人である高井英造先生、およびAPICSのプレミアム・チャネル・パートナーとして日本での普及活動を推し進め、日頃より我々APICSインストラクターに研鑽の場を提供してくださっている公益財団法人日本生産性本部コンサルティング部の深谷健一郎氏（CSCP）にもこの場を借りて御礼申し上げます。

　『小説 第4次産業革命』や『サプライチェーン経営入門』などの著作を持ち、オペレーションズマネジメントに造詣が深い藤野直明氏には、本書の推薦文を書いていただきました。本書のコンセプトは「APICSをベースとしたSCMの国際標準を、日本で活躍する人々にもっと知ってもらいたい」です。このコンセプトに藤野氏から賛同を得たことで、著者3人のアイデアを具体的な出版企画に昇華することができました。藤野氏の賛同がなかったら、本書が生まれることはなかったかもしれないと感謝しております。

　最後に、1年間にわたる執筆活動を心身ともに支えてくれた、我々の家族に心より感謝いたします。

2021年3月

山本圭一
水谷禎志
行本　顕

さらに学びたい人のために

第1章 「サプライチェーンマネジメントとMP&C」

APICS/ASCM, "*Operations Management Body of Knowledge Framework Third Edition*（*OMBOK*）", （APICS Foundation, 2011）

Peter M. Senge, "*The Fifth Discipline: The Art & Practice of The Learning Organization*", （Currency, 2006）

Donella H. Meadows, "*The Limits to Growth*", （Chelsea Green Pub, 1974）

藤野直明『サプライチェーン経営入門』（日本経済新聞出版、1999）

第2章 「戦略：ストラテジックプランニング」

Peter Bolstorff, "*Supply Chain Excellence*", （Amacom, 2011）

磯部洋『強者のしくみ―論理的思考と全体最適を徹底する会社』（ダイヤモンド社、2005）

竹内一正『アップル　さらなる成長と死角―ジョブズのいないアップルで起こっていること』（ダイヤモンド社、2019）

畑村洋太郎、吉川良三『勝つための経営―グローバル時代の日本企業生き残り戦略』（講談社、2012）

木村英紀『ものつくり敗戦―「匠の呪縛」が日本を衰退させる』（日本経済新聞出版、2009）

第3章 「計画：デマンドマネジメント（需要計画）」

Philip Kotler, Gary Armstrong, "*Principles of Marketing 17th edition*", （Pearson, 2017）

Spyros G. Makridakis, Steven C. Wheelwright, Rob J. Hyndman, "*Forecasting: Methods and Applications*", （Wiley, 1997）

第4章 「計画：サプライプランニング」

Carol Ptak, Chad Smith, "*Demand Driven Material Requirements Planning*（*DDMRP*）*version 3*", （Industrial Press, 2019）

Thomas Wallace, Robert Stahl, "*Sales & Operations Planning The How-To Handbook 3rd Edition*", （Steelwedge Software, 2008）

第5章「SCMの観点から見た在庫」

Edward A. Silver, David F. Pyke, Douglas J. Thomas, "*Inventory and Production Management in Supply Chains*", (CRC Press, 2016)

湯浅和夫、内田明美子、芝田稔子『在庫管理の基本と仕組みがよ〜くわかる本』（秀和システム、2019）

第6章「実行と管理：仕入」

Yossi Sheffi, "*The Power of Resilience*", (The MIT Press, 2017)

藤本隆宏『生産マネジメント入門　II』（日本経済新聞出版、2001）

第7章「実行と管理：製造活動と品質」

Eliyahu M. Goldrat, Jeff Cox, "*The Goal: A Process of Ongoing Improvement*" (North River Press, 1984)

藤本隆宏『生産マネジメント入門　I』（日本経済新聞出版、2001）

佐藤知一『革新的生産スケジューリング入門―"時間の悩み"を解く手法』（日本能率協会マネジメントセンター、2000）

鐵健司『品質管理入門』（日本規格協会、2005）

第8章「実行と管理：販売」

石川和幸『図解でわかる販売・物流管理の進め方』（日本実業出版社、2017）

第9章「ロジスティクス」

久保幹雄『ロジスティクス工学』（朝倉書、2001）

公益社団法人日本ロジスティクスシステム協会「ロジスティクスコンセプト2030」（公益社団法人日本ロジスティクスシステム協会、2020）

第10章「SCMの観点から見た原価」

岡本清『原価計算（六訂版）』（国元書房、2000）

柴山政行『原価計算の基本と仕組みがよ〜くわかる本』（秀和システム、2020）

第11章「世界標準のSCMを学ぶことの重要性」

Paul Milgrom, John Roberts, "*Economics, Organization and Management*", (Prentice Hall, 1992)

参考文献
（閲覧日はいずれも2021年3月9日）

はじめに

[1]　経済産業省, "DXレポート～ITシステム「2025年の崖」克服とDXの本格的な展開～", https://www.meti.go.jp/shingikai/mono_info_service/digital_transformation/20180907_report.html

1章

[1]　APICS/ ASCM, *Operations Management Body of Knowledge Framework Third Edition* (*OMBOK*, 2011)

[2]　Ford Motor Company, "Company Timeline", https://corporate.ford.com/about/history/company-timeline.html

[3]　ポール・ミルグロム、ジョン・ロバーツ（著）、奥野正寛、伊藤秀史、今井晴雄、西村 理、八木甫（訳）『組織の経済学』（NTT出版、1997）

[4]　Peter Bolstorff, *Supply Chain Excellence*, (Amacom, 2011)

[5]　前掲[1]を参照

[6]　J. Forrester, "Industrial dynamics: A major breakthrough for decision makers", *Harvard Business Review*, vol.36 (1958), pp.37-66

[7]　Hau L. Lee, V. Padmanabhan, Seungjin Whang, "Comments on "Information Distortion in a Supply Chain: The Bullwhip Effect"-The Bullwhip Effect: Reflections", *Management Science* Vol. 50, No12, (2004), pp.1887-1893

[8]　Yossi Sheffi, *The Power of Resilience*, (The MIT Press, 2017)

[9]　KPMG FAS、あずさ監査法人（編）『ROIC経営 稼ぐ力の創造と戦略的対話』（日本経済新聞出版、2017）

[10]　Howard L. Timms, *Introduction to Operations Management*, (RICHARD D IRWIN, 1967)

[11]　ハワード・ティムズ（著）、松田武彦（訳）『オペレーションズ・マネジメント入門』（東洋経済新報社、1970）

[12]　木村英紀『制御工学の考え方―産業革命は「制御」からはじまった』（講談社、2002）

[13]　「英国民投票、「離脱派」勝利　51.9%獲得 結果判明」『日本経済新聞』2016年6月24日, https://www.nikkei.com/article/DGXLASGM24H55_U6A620C1000000/

[14]　「欧州の車排ガス規制、罰金1.8兆円　主要13社の21年推計」2020年9月3日, https://www.nikkei.com/article/DGXMZO63405500T00C20A9MM8000/

[15]　「成長へ技術革新号砲、首相「温暖化ガス2050年ゼロ」」『日本経済新聞』2020年10月26日, https://www.nikkei.com/article/DGXMZO65480550W0A021C2MM8000/

2章

[1] コーネリス・A・デ・クルイヴァー、ジョン・A・ピアーズⅡ世（著）、大柳正子（訳）『戦略とは何か』（東洋経済新報社、2004）

[2] 小川正樹『見える化でわかる開発段階の製品原価管理』（日刊工業新聞社、2010）

[3] 藤野直明『サプライチェーン経営入門』（日本経済新聞出版、1999）

[4] D. スミチ・レビ、E. スミチ・レビ、P. カミンスキ（著）、久保幹雄（監）、伊佐田文彦、田熊博志、佐藤泰現、宮本裕一郎（訳）『サプライ・チェーンの設計と管理―コンセプト・戦略・事例』（朝倉書店、2002）

[5] 藤本隆宏『生産マネジメント入門Ⅱ』（日本経済新聞出版、2001）

[6] Yossi Sheffi, *The Resilient Enterprise*, (MIT Press, 2007)

[7] 齊藤孝浩『ユニクロ対ZARA』（日本経済新聞出版、2014）

[8] 前掲[7]を参照

3章

[1] Philip Kotler, Gary Armstrong, *Principles of Marketing 14th edition*, (Pearson, 2011)

[2] APICS/ ASCM, *Operations Management Body of Knowledge Framework Third Edition* (*OMBOK*), (2011)

[3] 前掲[2]を参照

[4] Thomas F. Wallace, Robert A. Stahl, *Sales & Operations Planning The How-To Handbook 3rd Edition*, (T.F. Wallace & Company, 2008)

[5] 前掲[4]を参照

[6] 前掲[4]を参照

[7] Spyros G. Makridakis, Steven C. Wheelwright, Rob J. Hyndman, *Forecasting: Methods and Applications*, (Wiley, 1998)

[8] 林野庁, "令和元年度 森林・林業白書", https://www.rinya.maff.go.jp/j/kikaku/hakusyo/r1hakusyo/index.html

[9] Mark Moon, *Demand and Supply Integration: The Key to World-Class Demand Forecasting* (FT Press, 2013)

[10] SCM World, *THE CHIEF SUPPLYCHAIN OFFICER REPORT 2013*, (2013)

[11] APICS, *Supply Chain Compensation and Career Survey Report*, (2018)

[12] 行本顕、深谷健一郎「グローバル・サプライチェーン経営における共通言語の重要性とその普及について」、『経営情報学会 全国研究発表大会要旨集』(2019), pp. 245-248

4章

[1] J. R. Tony Arnold, Stephen N. Chapman, Lloyd M. Clive, *Introduction to Materials Management Seventh Edition*, (Prentice Hall, 2010)

[2]　前掲[1]を参照

[3]　Thomas F. Wallace, Robert A. Stahl, Sales & *Operations Planning The How-To Handbook 3rd Edition,*（T.F. Wallace & Company, 2008）

[4]　前掲[3]を参照

[5]　前掲[3]を参照

[6]　前掲[1]を参照

[7]　前掲[1]を参照

[8]　隅田和行（監）、鳥羽登（著）『SEのためのMRP』（日刊工業新聞社、1995）

[9]　三菱鉛筆株式会社, "えんぴつ工場見学", https://www.mpuni.co.jp/special/tour/pencil.html

[10]　前傾[9]を参照

[11]　東京鉛筆組合昭午会, "えんぴつの材料は世界からやってくる", http://www.pencil.or.jp/zairyou/zairyou1/zairyou1.html

[12]　前傾[11]を参照

[13]　前掲[1]を参照

5章

[1]　APICS/ ASCM, *Operations Management Body of Knowledge Framework Third Edition*（OMBOK, 2011）

[2]　APICS（著）、日本APICSコミュニティー APICS Dictionary 翻訳チーム＋日本生産性本部グローバル・マネジメント・センター（訳）『日本生産性本部サプライチェーンマネジメント辞典 APICSディクショナリー【グローバル経営のための日英用語集】』（生産性出版、2020）

[3]　J. R. Tony Arnold, Stephen N. Chapman, Lloyd M. Clive, *Introduction to Materials Management Seventh Edition,*（Prentice Hall, 2010）を参考に著者編集

[4]　前掲[2]を参照

[5]　前掲[3]を参照

[6]　前掲[3]を参照

[7]　大蔵省企業会計審議会（編）「連続意見書第四　棚卸資産の評価について」『企業会計原則と関係諸法令との調整に関する連続意見書：大蔵省企業会計審議会中間報告：昭和37年8月』（大蔵財務協会、1962）

[8]　前掲[7]を参照

[9]　前掲[3]を参考にして独自に整理

[10]　企業会計基準委員会「企業会計基準第 24 号 会計方針の開示、会計上の変更及び誤謬の訂正に関する会計基準」, https://www.asb.or.jp/jp/wp-content/uploads/accounting-policies20200331_02.pdf

[11]　企業会計基準委員会「企業会計基準第 9 号 棚卸資産の評価に関する会計基準」, https://www.asb.or.jp/jp/wp-content/uploads/inv.pdf

[12] 前掲[3]を参考にして独自に整理

[13] 前掲[2]を参照

[14] 前掲[2]を参考にして独自に整理

6章

[1] Peter Bolstorff, *Supply Chain Excellence: A Handbook for Dramatic Improvement Using the SCOR Model,* (Amacom, 2007)

[2] APICS/ ASCM, *Operations Management Body of Knowledge Framework Third Edition*（*OMBOK,* 2011）

[3] 国連開発計画（UNDP）駐日代表事務所, "持続可能な開発目標（Sustainable Development Goals）", https://www.jp.undp.org/content/tokyo/ja/home/sustainable-development-goals.html

[4] Andrew Targowski, *The History, Present State, and Future of Information Technology,* (Informing Science Press, 2015)

[5] Richard C. Ling & Walter E. Goddard, *Orchestrating Success: Improve Control of the Business with Sales and Operations Planning*（Wight (Oliver) Publications, 1988）

7章

[1] APICS（著）、日本APICSコミュニティー APICS Dictionary 翻訳チーム＋日本生産性本部グローバル・マネジメント・センター（訳）『日本生産性本部サプライチェーンマネジメント辞典 APICSディクショナリー【グローバル経営のための日英用語集】』（生産性出版、2020）

[2] 前掲[1]を参照

[3] J. R. Tony Arnold, Stephen N. Chapman, Lloyd M. Clive, *Introduction to Materials Management Seventh Edition,* (Prentice Hall, 2010)

[4] 前掲[3]を参照

[5] 前掲[1]を参照

[6] エリヤフ・ゴールドラット（著）、三本木亮（訳）『ザ・ゴール―企業の究極の目的とは何か』（ダイヤモンド社、2001）

[7] 前掲[1]を参照

[8] 前掲[3]を参照

[9] 前掲[1]を参照

[10] 前掲[3]を参照

[11] 前掲[1]を参照

[12] 前掲[3]を参照

[13] 前掲[1]を参照

[14] 前掲[3]を参照

［15］　前掲[3]を参照
［16］　前掲[1]を参照
［17］　前掲[1]を参照
［18］　前掲[1]を参照
［19］　前掲[3]、および鐵健司『品質管理入門』（日本規格協会、2005）を参考にして独自に整理
［20］　鐵健司『品質管理入門』（日本規格協会、2005）
［21］　Roderick A. Munro, Govindarajan Ramu, Daniel J. Zrymiak, *The Certified Six Sigma Green Belt Handbook, Second Edition*（ASQ Quality Press, 2015）
［22］　前掲[3]を参照

8章

［1］　APICS（著）、日本APICSコミュニティー APICS Dictionary 翻訳チーム ＋ 日本生産性本部グローバル・マネジメント・センター（訳）『日本生産性本部サプライチェーンマネジメント辞典 APICSディクショナリー【グローバル経営のための日英用語集】』（生産性出版、2020）
［2］　前掲[1]を参照
［3］　前掲[1]を参考に独自に整理

9章

［1］　APICS（著）、日本APICSコミュニティー APICS Dictionary 翻訳チーム ＋ 日本生産性本部グローバル・マネジメント・センター（訳）『日本生産性本部サプライチェーンマネジメント辞典 APICSディクショナリー【グローバル経営のための日英用語集】』（生産性出版、2020）
［2］　Gwynne Richards, *Warehouse Management: A Complete Guide to Improving Efficiency and Minimizing Costs in the Modern Warehouse 3rd Edition,*（Kogan Page, 2017）
［3］　中田信哉、長峰太郎『物流戦略の実際〈新版〉』（日本経済新聞出版、1999）
［4］　APICS/ ASCM, *Operations Management Body of Knowledge Framework Third Edition*（OMBOK）,（2011）
［5］　中矢一虎『輸出入実務完全マニュアル【改訂版】』（すばる舎、2011）
［6］　公益社団法人日本ロジスティクスシステム協会、"ロジスティクスKPI活用の手引き",（公益社団法人日本ロジスティクスシステム協会、2018）
［7］　国土交通省、"第1回2020年代の総合物流施策大綱に関する検討会 参考資料1 物流を取り巻く動向について", https://www.mlit.go.jp/common/001354692.pdf

10章

［1］　大蔵省企業会計審議会「原価計算基準」『原価計算基準：大蔵省企業会計審議会

中間報告』（1962）を参考に整理

[2] 前掲[1]を参照

[3] 前掲[1]を参照

[4] 前掲[1]を参照

[5] J. R. Tony Arnold, Stephen N. Chapman, Lloyd M. Clive, *Introduction to Materials Management Seventh Edition,*（Prentice Hall, 2010）

[6] 前掲[1]を参照

[7] 前掲[1]を参照

[8] 前掲[1]を参照

[9] 前掲[1]を参照

[10] 前掲[1]を参照

[11] 前掲[1]を参照

[12] Jawahar Lal, Seema Srivastava, "Cost Accounting"（McGraw Hill Education, 2008）

11章

[1] Momar D. Seck, David D. Evans, *Major U.S. Cities Using National Standard Fire Hydrants, One Century After the Great Baltimore Fire,* NIST Pubs（2004）

[2] 日本貿易振興機構（JETRO）, "世界貿易マトリクス", https://www.jetro.go.jp/world/statistics/

[3] United Nations Commission on International Trade Law "United Nations Convention on Contracts for the International Sale of Goods（Vienna, 1980）（CISG）"

[4] 産業技術環境局基準認証ユニット, "標準化実務入門", https://www.meti.go.jp/policy/economy/hyojun-kijun/katsuyo/jitsumu-nyumon/index.html

[5] APICS/ ASCM, *Operations Management Body of Knowledge Framework Third Edition*（*OMBOK*）,（2011）

[6] 行本顕、深谷健一郎「グローバル・サプライチェーン経営における共通言語の重要性とその普及について」、『経営情報学会 全国研究発表大会要旨集』pp. 245-248,（2019）

索　引

232

●さ行●

234

235

〈筆者紹介〉

山本　圭一（やまもと　けいいち）

　1975年生まれ。CPIM, APICS認定インストラクター，米国公認会計士／ビジネスエンジニアリング株式会社勤務。エンジニアリング会社の海外プラント設計部門を経てビジネスエンジニアリング株式会社に入社。国産ERPパッケージソフトウエア「mcframe（エムシーフレーム）」の導入コンサルテーションおよび、技術者育成の責任者を部長として担当している。また、経営者や社会人、学生など幅広い層に向けて、SCMの概論やERPの活用方法を学ぶ講座も担当している。「第4次産業革命 エグゼクティブビジネススクール」講師、青山ビジネススクール非常勤講師。共著『APICS Dictionary 対訳版 - グローバル経営のための日英用語集』、『ビジネスゲームで学ぶサプライチェーンマネジメント』。

水谷　禎志（みずたに　ただし）

　1968年生まれ。CPIM, CLTD, CSCP, APICS認定インストラクター、工学修士。コンサルティング会社に勤務。交通・物流関係の調査研究に従事した後、製造業・流通業のサプライチェーン改革プロジェクト、業界間のサプライチェーン改革のための標準化活動（EDI）・実証実験（RFID）に従事。外資系製造業のサプライチェーン設計プロジェクト、日系製造業の海外拠点サプライチェーン改革プロジェクトなど、サプライチェーンのことを英語で会話せざるをえない経験をきっかけとしてAPICS資格を2012年に取得。その後、日本生産性本部のAPICS紹介セミナー講師、APICSコミュニティ委員会、APICS Dictionary日本語翻訳プロジェクト等を通じ、日本でのAPICS普及活動に参画。共著『APICS Dictionary 対訳版 - グローバル経営のための日英用語集』。

行本　顕（ゆきもと　けん）

　1974年生まれ。CPIM-F, CSCP-F, CLTD-F, APICS／ASCM認定インストラクター、法学修士。銀行勤務を経て国内大手消費財メーカーに勤務。生産管理・海外調達他を経て経営企画を担当。2010年〜2012年にかけて米国のディストリビューターに常駐、S&OPを担当。ASCMより日本地区で唯一フェロー認定を受けている。公益財団法人日本生産性本部「APICS科目レビュー講座」、公益社団法人日本ロジスティクスシステム協会（JILS）「S&OPセミナー」「『超』入門！サプライチェーン・マネジメントセミナー」講師。2020年「JILS　ロジスティクスコンセプト2030」を各分野の研究者・実務家と発表。同年よりJILS調査研究委員会（現 先端ロジスティクス研究センター）委員。一般社団法人ASCM COMMUNITY JAPAN理事長。日本オペレーションズ・リサーチ学会会員、経営情報学会会員。共著『ペンはどこへいった？水平リサイクルの世界』『全図解 メーカーの仕事 需要予測・商品開発・在庫管理・生産管理・ロジスティクスのしくみ（ダイヤモンド社）』『APICS Dictionary 対訳版－グローバル経営のための日英用語集（生産性出版）』。

著者近影：APICS2018シカゴ大会会場にて　写真1枚目　左から山本圭一　行本顕
　　　　写真2枚目　左から行本顕　水谷禎志

●本書の感想をお聞かせください

本書をお読みになった感想を下記メールアドレスまでお寄せください。

mp&c@scmtokyo.com

連載記事

ニュースイッチ
「今こそ知りたい　世界標準のSCM」

基礎から学べる!世界標準のSCM教本　　　　NDC509.6

2021年3月29日　初版1刷発行
2024年12月13日　初版23刷発行

著　者　山本圭一
　　　　水谷禎志
　　　　行本　顕
　　　　(ⓒ著作権はビジネスエンジニアリング
　　　　株式会社、水谷禎志、行本顕に帰属する)

発行者　井水治博

発行所　日刊工業新聞社

〒103-8548　東京都中央区日本橋小網町14-1
電話　書籍編集部　03-5644-7490
　　　販売・管理部　03-5644-7403
　　　FAX　　　　　03-5644-7400
振替口座　00190-2-186076
URL　https://pub.nikkan.co.jp/
email　info_shuppan@nikkan.tech

印刷・製本　新日本印刷(POD22)